Inventario tres

Mario Benedetti

ALFAGUARA

Inventario tres

INVENTARIO TRES
D. R. © Mario Benedetti

ALFAGUARA

De esta edición:
D. R. © Santillana Ediciones Generales, S.A. de C.V., 2004
Av. Universidad núm. 767, colonia del Valle
C.P. 03100, México, D. F. Teléfono 5420-75-30
www.alfaguara.com.mx

• Distribuidora y Editora Aguilar, Altea, Taurus, Alfaguara, S.A.
  Calle 80 núm. 10-23, Santafé de Bogotá, Colombia.
• Santillana, S.A.
  Torrelaguna 60-28043, Madrid, España.
• Santillana, S.A.
  Av. San Felipe 731, Lima, Perú.
• Editorial Santillana, S.A.
  Av. Rómulo Gallegos, edificio Zulia primer piso
  Boleita Norte, 1071, Caracas, Venezuela.
• Editorial Santillana Inc.
  P. O. Box 19-5462 Hato Rey, 00919, San Juan, Puerto Rico.
• Santillana Publishing Company Inc.
  2105 NW 86th Avenue, 33122, Miami, Fl., E. U. A.
• Ediciones Santillana, S.A. (ROU)
  Constitución 1889, 11800, Montevideo, Uruguay.
• Aguilar, Altea, Taurus, Alfaguara, S.A.
  Beazley 3860, 1437, Buenos Aires, Argentina.
• Aguilar Chilena de Ediciones Ltda.
  Dr. Aníbal Ariztía 1444, Providencia, Santiago de Chile.
• Santillana de Costa Rica, S.A. La Uruca, 100 mts. Oeste de
  Migración y Extranjería, San José, Costa Rica.

Primera edición en Alfaguara: julio de 2004

ISBN: 968-19-1528-3

D. R. © Diseño de cubierta: Miguel Ángel Muñoz Ramírez, 2004

Impreso en México

Inventario tres
Poesía completa 1995-2001

INVENTARIO TRES

Integran esta primera edición de *Inventario tres* todos los poemas que he publicado en libro entre 1995 y 2001: *El olvido está lleno de memoria* (1995), *La vida ese paréntesis* (1998), *Rincón de Haikus* (1999), *El mundo que respiro* (2001).

Este volumen es la continuación o complemento de dos volúmenes anteriores: *Inventario uno* (Poesía 1950-1985; 77ª edición, 17ª en España), que consta de los siguientes títulos: *Sólo mientras tanto* (1950), *Poemas de la oficina* (1956), *Poemas del hoyporhoy* (1961), *Noción de patria* (1963), *Próximo prójimo* (1965), *Contra los puentes levadizos* (1966), *A ras de sueño* (1967), *Quemar las naves* (1969), *Letras de emergencia* (1973), *Poemas de otros* (1974), *La casa y el ladrillo* (1977), *Cotidianas* (1979), *Viento del exilio* (1981) y *Geografías* (1984). Y luego *Inventario dos* (Poesía 1986-1991, 23ª edición, 7ª en España) que consta de los siguientes títulos: *Preguntas al azar* (1986), *Yesterday y mañana* (1988), *Despistes y franquezas* (1990) y *Las soledades de Babel* (1991).

Algunos poemas que posteriormente fueron transformados en canciones figuran en sus dos textos —poema y canción—, cada uno de ellos incluido en el lugar y época correspondientes.

Al igual que en las anteriores ediciones, cada volumen se abre con la producción más reciente y concluye con la más antigua, quizá con la secreta esperanza de que el lector, al tener acceso a esta obra por la puerta más nueva y más cercana, se vea luego tentado a ir abriendo otras puertas, "a beneficio de inventario".

M. B.
Madrid, diciembre de 2002

EL MUNDO QUE RESPIRO

(2001)

A Luz,
55 años después

EL CORAZÓN Y LA PIEDRA

Sigue, pues, sigue, cuchillo,
volando, hiriendo. Algún día
se pondrá el tiempo amarillo
sobre mi fotografía.

MIGUEL HERNÁNDEZ

Dos cielos

Clausuro el portalón del año viejo
pero queda una tímida rendija
por donde miran / tiernos y del sur /
los ojos blancos de mis muertos
con sus revelaciones que no cesan
y que presumo no van a cesar

crisis cartas latidos inocencias
intentan deslizarse al año virgen
pero hay otras y otros
que prefieren quedarse
insomnes en su sábana
bajo un cielo ya antiguo

sé que el sol es el mismo /
que la lluvia y los hongos
son los mismos
pero el futuro es otro
más compulsivo y arduo
con épocas que están
aún por inventarse

no obstante en la rendija
inútil del pasado
hay árboles maltrechos
infancias distraídas
mares verdes y náufragos
pájaros que desmienten el olvido
y otro cielo sin nubes
a punto de entreabrirse

quisiera estar a solas
en ese parque añoso de tristezas
que conozco cantero por cantero
pero cada lugar tiene su tiempo
cada tiempo su marca
cada desolación su maravilla

tengo el futuro a mis espaldas
alevoso y falaz / incalculable /
lo oscuro venidero me persigue
con su propuesta de cenizas
y su cielo velado / el de costumbre

sin embargo es hora de admitir
que a mis ochenta bien cumplidos
yo ya no estoy para dos cielos
apenas uno y ceniciento

Otra lluvia

Llega en gruesas hilachas
primera lluvia del dos mil / ignoro
si hará crecer el trigo o los perdones
lluvia contaminada por fatigas
memoria de otros muros otros prados
que espera con la música más viuda
y el soliloquio de las muchedumbres

primera lluvia del dos mil y virgen
no la violamos todavía
con el paraguas del destierro
o la alabarda de la duda

llueve con bárbaro tesón
moja a los niños y a la tierra
y a las lombrices y los sapos

nada es igual / ahora
la lluvia duerme en la sequía
y allí copulan dulcemente
como palomas y palomos

probablemente
algún futuro se desmadre
y estalle como un arco iris
donde estaremos los que estamos

Árbol

Era un árbol sin nombre que en las
    noches
no en todas las noches sino algunas
se volvía casi fosforescente
como un tic vegetal de su alegría

pero las lechuzas y los murciélagos
y los mochuelos y los búhos
quedaban tan perplejos
que se desvanecían

y sin embargo ello era sí
porque aquel árbol albergaba
un sentimiento en cada hoja
y la fosforescencia apenas era
el pavoneo de su corazón

en una noche de tormenta
un rayo se abrigó en su copa
pero ésta no apagó sus luces
y el rayo se hizo nada

hay que considerar
que en cada amanecer
el árbol se apagaba
es decir se dormía

a veces despertaba
lleno de pajaritos
pero no era lo mismo

Gajos

Puede existir un gajo de corazón
que no traiciona
que lava sus hechizos
en una sangre fiable
que sin pausa bombea

no traiciona
es decir que no sufre cuando sufre
el resto de la hechura

suele haber un gajo de corazón
que se queda cuando todos se van
es decir cuando viajan las piernas
la barriga el pescuezo las rodillas el
     sexo
un gajo que se queda porque asume
     su sitio
en las tallas de veras / las salvadas
de un pánico amoroso / las curadas
con bálsamo del alma

el resto del difícil corazón
es más propenso
a la tentación de la lujuria
a la fascinación de los que ganan
a las promesas de los píos

sólo con ese gajo de corazón
que no traiciona
que lava sus hechizos

en la sangre fiable que sin pausa
    bombea
se puede sobrevivir en el vacío
mientras se aprende a respirar

Pronósticos

No quiero hacer pronósticos sobre mí
    mismo
prefiero hacerlos sobre mis apariencias
los pronósticos sobre mí mismo
son pálidos mordientes e inseguros
en cambio a las primeras apariencias
consigo doblegarlas
meterlas en un brete
llevarlas al espejo

en los pronósticos sobre mí mismo
siempre le erro como a las peras
pero en las apariencias me
    reencuentro
de a poco se convierten en algo de mí
    mismo
y sólo entonces pasan los pronósticos
a ser inesperada profecía

Blues de la distancia

Cuando el barco comienza a deslizarse
el muelle ya no cuenta en el diseño
las despedidas son casi irreales
los pañuelos se pierden en el tiempo

empiezo a estar lejano / la distancia
sale a buscar un horizonte nuevo
adelante no hay nada / mar inmóvil
mar de grises / mar sordo / mar de
    vientos

tanta rutina líquida me ofrece
un invisible trueque de silencios
la distancia se achica o se agiganta
pero la nada me provoca vértigo

en el ojo de buey claman las olas
es el momento mágico del miedo
nadie reza ni canta / nadie sabe
qué primicias vendrán con el agüero

mi arrugadísima clarividencia
me revela que en un puerto extranjero
habrá una piña de desconocidos
esperando a otra piña de viajeros

pero en el interludio las ausencias
avivan la distancia y el invierno
con suerte y con amores he aprendido
a seguir devanándome los sesos

el blues de la distancia llega y parte
me deja dos baladas y un deseo
qué bueno si volviera preocupado
y se quedara cerca por decreto

Guitarra

Ah la guitarra esa mujer en celo
que habla en su canto y muere en su
    silencio
con tu salud de música nacida
me brindas un placer casi doliente
y eso porque tus cuerdas te dicen lo
    que digo
y lo que digo es triste de cristal

ah la guitarra esa mujer que llega
con un amor de huésped indefenso
tu mástil o tu puente o tu rasgueo
tu voz quebrada en todos los idiomas
me dejan libre para la alegría
que sube y baja en tu cordaje neutro

ah la guitarra esa mujer sensible
que invade el patrimonio de la noche
mueve las humedades del follaje
y se roza con árboles sonámbulos

ah la mujer esa guitarra erótica
que se exhibe desnuda en la terraza

Desnudeces

Desnuda una mujer vale la pena
cuando la contemplamos a distancia
porque después / si estamos sobre ella
sólo la vemos con la boca ansiosa

una mujer desnuda es un silencio
que no admite pudor ni violaciones
un silencio a menudo tembloroso
de tanto amor y tanta profecía

una mujer desnuda tiene normas
puede dejarse amar con toda el alma
con todo el cuerpo a veces / pero
      nunca
con el arte de besos fariseos

El infinito

El infinito es un instante
dijo simone weil
y en ese instante / digo yo /
la rosa pierde pétalos
un árbol se desnuda
la tierra se estremece
el corazón vacila

el infinito es un instante
y en ese instante
una campana suena
breve como un chispazo
el saber es ceniza
el cielo se emborracha
ya no sé quién es quién

el infinito es un instante
y en ese instante
cabe lo que no cabe
en un siglo colmado
loco infinito
flor de un tris
sin noche ni alboradas
instante sin salmodias
y sin algarabías
poco antes de nacer
se muere de desgana
el infinito es un instante
y en ese instante
el mundo nos adiestra

con máquinas de cólera
tatuajes de ternura

es un instante
pobre instante
sin comienzo ni fin
un desperdicio

Ensimismados

Estos versos están ensimismados
lo que saben lo saben en clausura
son versos con metáforas inmóviles
viven su humillación como los pobres
y se quedan con pájaros a solas

estos versos se nutren de algún rostro
que pudo traspasar la barricada
y se quedó a rumiar con la poesía
a intuir sin censura / a vislumbrarse
y pulir cada verso sin recelo

estos versos están ensimismados
como atributos de un anacoreta
su única virtud es deshojarse
aceptarse en azul en rojo en verde
sin ganas de salir a ser oídos

Mundo que se deshace

El mundo se deshace / explota / gime
sin pañuelos de paz que lo despidan
se hunde se destierra se concluye

sabios de pacotilla interrogan a marte
comprueban que está muerto y sin
      historia
y en esa nada invierten
los millones del hambre

el mundo los mundanos los mundillos
se atragantan de miedo / sin embargo
millonan sin cesar los millonarios
con lágrimas de otros compran euros
y con los euros compran armas
y con las armas fundan la basura
de los cadáveres sin cruces

el mundo desafina con el hombre
trabaja sin cesar por su suicidio
quiere morirse de una vez por todas

loco de inundaciones y seísmos
de hipocresías y otras religiones
pobre mundo de mierda y de huesitos
va rodando redondo en el espacio
el mundo es un escándalo / su estruendo
hecho de rock y cañonazos
va anonadando todos los sigilos
y perforando tímpanos y utrículos

hasta las oraciones odian los decibeles
pero allá siguen más sordos que
beethoven

Niño con lluvia

¿Dónde quedó la infancia
su complicada sencillez
cuando de noche entraban los
    fantasmas
y de inmediato desaparecían?

si de niño me hallaba con la lluvia
y ella me mojaba con paciencia
yo me quedaba dócil y empapado
porque aquello era el sudor del cielo
pero lo mejor era que yo sabía
que me estaban mintiendo
que la lluvia era apenas un lenguaje
que añísimos después
yo acaso entendería

hay gotas ermitañas / primerizas
que le estrenan a uno la bondad
otras que son garúas / secundarias
que descienden sollozantes y pulcras
y otras más que se unen en duros
    aguaceros
y son las que transmiten las certezas

para un niño la lluvia siempre es magia
lo retiene entre rejas / lo remansa
revela los secretos de los sueños
y lo vuelve curioso e incansable
niño sin lluvia es como huérfano
sin lluvia es como náufrago

sin lluvia es como en pena
porque la lluvia es la memoria
que el techo cielo envía generoso
o convulso o travieso
o simplemente aliado del invierno

Horóscopo

No olvides el pudor de la almohada
sólo así vencerás tu hipocondria
de paso irá mejor tu economía
y el tiempo correrá como si nada

si juegas te irá bien en la jugada
tu salud tendrá fibra y lozanía
el amor colmará tu fantasía
y el trabajo será cosa sagrada

el regocijo vencerá al letargo
todo irá viento en popa y sin embargo
aunque te encuentres guapo en el
    espejo

y disfrutes del beso y la palabra
habrá un minuto en que la noche se
    abra
y te despiertes pobre triste y viejo

Vida triste

En la limpieza de la vida triste
cabe el alivio de soñar tranquilo
puede que la inocencia se desmande
pero en seguida vuelve a lo que era

la vida triste pasa con dulzura
equivocada o no / se juzga a solas
sus desamparos pule con ahínco
porque en el fondo sabe lo que quiere

la vida triste puede ser tan bella
como los claroscuros del ocaso
tan luminosa como la pobreza
tan sorpresiva como la bondad

en la limpieza de la vida triste
puedo ganar el nido de tus brazos
puedo mirarte y ser mirado apenas
con las misiones que encomienda el
    alma

La poesía

La poesía / altillo de almas
puede ser amplia o muy estrecha
por eso la odian o la aman
con ardor y perseverancia

vitrales para la tristeza
suele ser su modus vivendi
tragaluz para la utopía
es su desquite de bondades

y vaya cómo la maltratan
por su verdad sin paliativos /
con sentimientos abre penas
con penas nos traduce al prójimo

quizá es un modo de alentar
o una variante del milagro
la salvación del abandono
o un caminito hacia el amor

es su misión / la poesía
hace posible que esto siga
cruce la historia en un fulgor
deje al pasado en su hojarasca
y le haga guiños al futuro

en el altillo de las almas
la poesía sigue indemne
no es un azar / no es un ombligo
madera y dios / música y aire

es un drenaje de la vida
que enseña a no temer la muerte

El corazón y la piedra

—Tu profecía, poeta.
—Mañana hablarán los mudos:
el corazón y la piedra.

Antonio Machado

Con la mudez del corazón se aprende /
la de la piedra es un pecado inútil
hay piedras que parecen corazones
y corazones duros como piedras

piedras y corazón complementarios
como el árbol y la sombra del árbol
como el cordón umbilical y el niño
como el crimen perfecto y el suicidio

un corazón mudo de nacimiento
también puede latir amordazado
y así callar sus culpas vacilantes
o vacilar ante el primer recelo

la piedra en cambio tiene la misión
despreocupada de ser sólo piedra
arriba pasa el cielo / abajo el río
la llovizna acaricia su apatía

ah corazón y piedra / qué amalgama
qué obligación del hombre y su destino
qué fiel contradicción / qué disparate
qué poquito nos queda en este soplo

Calles

Cada vez que regreso estas calles son
    otras
quizá han enflaquecido con la gripe
    del sur
los ojos y ventanas asoman sus
    recuerdos
los mendigos de ahora usan
    computadoras
motos y bicicletas me pisan los talones

las calles se quedaron sin nostalgia y
    sin árboles
por lo pronto no lloran en antiguas
    esquinas
cierran puertas y almas con un doble
    candado
para que no les roben sus nombres
    legendarios

yo camino las calles buscando señas
    rostros
memorias firmes y baldosas flojas
hay una nueva mezquindad vacía
aunque algunos se amen todavía en la
    calle

los espacios más verdes siguen siéndolo
los pocos rascacielos son ascetas
pero no los conozco / son milagros
demasiado fingidos y terrestres

las calles se trasladan / se deslizan /
se entienden con la gente pese a todo
conservan pozos chispas carnavales
y cuelgan ángeles de los semáforos

sí / las calles son otras cuando vuelvo /
algunas se detienen a abrazarme
me reconocen y encienden faroles
soy el mismo peatón de los ochenta

otras me miran fijo / con su mejor
    inquina
porque a pesar de todo sobrevivo
pero las calles que a mí me conmueven
son las que anduve antes y ando ahora

Neutro

Dios nunca es imparcial
aun entre los santos
tiene sus favoritos
y entre los pecadores
siempre hay un pobre diablo
que se lleva el castigo

el señor reconoce
dónde le aprieta el cielo
y aunque esté tan remoto
tan lejos de lo lejos
sus antenas le soplan
quiénes son / quiénes no
lo neutral no es divino
ni la muerte es neutral /
cuando toma partido
por el fuerte o el flojo
en sus umbrales juega
con las posteridades

Conciencia

La conciencia es ubicua
la siento a veces en el pecho
pero también está en las manos
en la garganta en las pupilas
en las rodillas en los pulmones
pero la conciencia más conciencia
es la que se instala en el cerebro
y allí ordena prohíbe festeja
y hasta recorre interminablemente
los archipiélagos del alma

la conciencia es incómoda
impalpable invisible pero incómoda
usa el reproche y las bofetadas
las penitencias y el sosiego
las recompensas y las paradojas
los gestos luminosos y libertarios
pero la conciencia más conciencia
es la que nos aprieta el corazón
y vaga por los canales de la sangre

Pasos del pasado

Todavía escucho los pasos del pasado
cuando el deseo y yo éramos tan ágiles
que perseguíamos lo bien mirado
y también lo escuchado y lo fingido
oh éramos ágiles como atletas
y hasta olvidábamos lo inolvidable

los pasos del pasado sólo se detenían
cuando un mensajero del corazón
      llamaba
con una queja gutural o un rezo
se detenían porque resbalaban
en el pavimento o las baldosas grises
y sobre todo en la humedad del llanto

los pasos del pasado se fueron de la
      senda
adrede se desviaron de todas las
      promesas
no sé por dónde andan / en qué ocaso
se instalaron o quieren instalarse
para crear con método y cautela
los misteriosos pasos del futuro

Qué primavera

Vaya con esta primavera estúpida
y su frío desubicado y triste
sin pezones sin cielo sin colores /
nos abrigamos hasta el corazón
y no obstante temblamos de sorpresa

para sudar estábamos dispuestos
no para el rencoroso escalofrío /
en un invierno de mentira / hipócrita
los árboles se agitan desolados
y hasta las golondrinas se persignan

mis diez dedos están en los bolsillos
y la bufanda gris manda en la niebla
hasta los pensamientos se congelan
los párpados son siervos de la lluvia
y cuando sueño / sueño con el sol

ah primavera de los otros / mía
del cardenal a la paloma / tuya
del quebracho y el pino a la palmera
nunca serás invierno / siempre fuiste
el prólogo contento del verano

Los silencios se acercan

A medida que el tiempo va rodando
los silencios se acercan y me cercan
son un pedazo de mi mundo a solas
supervivientes de una sombra antigua /
también están perplejos pero agitan
el asta mensurable del olvido

su liturgia es de sabios / de prodigiosos
que ya nadie recuerda ni atesora /
los silencios se asoman y nos miran
nadie como ellos logrará inventarnos
son el espejo azul de lo que somos
y la nada virtual en que nacimos

los silencios en tiempo de vendimia
tienen otro sabor / otra ternura
se dejan seducir por los adioses
y parpadean como los relámpagos /
los silencios se acercan y me cercan
para que pueda envejecer callado

Ojos secos

El más triste es el llanto de ojos secos
el que se llora con o sin memoria
con la garganta / con la calavera
o las bisagras del recogimiento

antes lloraba por las guerras locas
con fábulas de sangre y osadía
por el paisaje herido de temblores
por los cansados de mirar al cielo

pero los ojos se secaron / sabios
se secaron despiertos / errabundos
no saben qué mirar ni qué asumir
son ojos deslumbrados / cenicientos

por eso el llanto seco es la muralla
en que se estrellan todos los desdenes
y uno vive buscándose / buscándose
tragándose las lágrimas saladas

Liquidez

Cuando el mar y la mar se enamoraron
nació un delfín con la sonrisa puesta
y en lo oscuro más hondo de la noche
creció con un extraño resplandor

cuando el mar y la mar se separaron
el delfín se asomó a la superficie
y poco acostumbrado al abandono
contó su breve historia a las anguilas

se fue el mar hacia el norte en busca
       de algo
la mar hundió en el sur sus languideces
y el huérfano delfín contrajo el vicio
de asomarse al calvario de los hombres

Recorrido

La infancia vale / entre otros atributos /
como artificio noble y resistente
sigilo alborotado sin disculpa
pijama de fantasmas en el crepúsculo
pavura inaugural frente al estanque
sueños cruzados por escalofríos

cuando la infancia se nos vuelve heroica
nada la detendrá salvo el silencio /
con el descubrimiento de los nombres
viene la aparición de lo feliz /
todos se confabulan para hacernos
lugar en la sonrisa y en el llanto

la infancia se adelanta adole(s)ciendo
dispuesta a usar el cielo como un toldo
y al pernoctar en las edades mágicas
aprende que no hay eternidades /
su misión de guardiana ha concluido
y el cuerpo queda solo con su alma

vienen los pasos quedos del azar
cargando con la juventud más joven
mientras los besos cándidos maduran
y se aproximan al clamor desnudo /
hay pechos en las manos / hay palabras
que aunque no digan nada dicen todo

y aquí brota la vida / el fuego fatuo /
del corazón caen las hojas secas

y se abre el templo de lo real y mórbido /
la franqueza se vuelve sol y sexo
el cuerpo a cuerpo del amor se nutre
y repta por las noches abrasadas

ya la infancia se va / precaria y loca /
la vejez está lánguida de arrugas
y ha olvidado que fue una profecía /
ya no hay desconsuelos ni celajes
la memoria no tiene más ardides
y la infancia se funde con la muerte

Ruinas

A veces me enamoro de las ruinas
de su aroma su niebla sus arcanos
me abochornan sus franjas de dolor
pero me alienta su recordatorio
las ruinas aman a las lagartijas
y viceversa / entre ellas se comprenden
hay escombros / vestigios del espíritu
amarguras tan nuevas que son tiernas
y uno con ellas vibra / se conforma /
en cierto modo son islas desiertas
donde uno se arruga y se hace viejo
cada brasa final / cada crepúsculo
viene discretamente con su ruina
y es entonces cuando uno se enamora
de los pactos vencidos y negados
de las noches sin luna / prodigiosas /
de la memoria hereje que renace
pero se hace la humilde olvidadiza /
me quedo con las ruinas destinadas
a crear ostracismos para siempre
pese a todo pese a nada y a nadie
los fundadores de las ruinas francas
conocen los adioses como dioses

Estar vivo

Estoy vivo
no está mal estar vivo
y seguir escuchando a zitarrosa
que está muerto
está mal que esté muerto

las voces que uno quiere no se callan
viven y sobreviven / sobrenadan
en la memoria fiel y escandalosa

yo me devuelvo a mí
yo me recibo
con la seda del lago y cuatro cisnes
con el signo fatal de los idénticos
y los hilos de la desesperanza
con la prudencia de los egoístas
y la imprudencia de los generosos

estoy vivo
no está mal estar vivo
y seguir escuchando a gustav mahler
transcurro lenta cautelosamente
y nadie se preocupa de mis huellas
medito con los labios apretados
y compruebo
no está mal estar vivo

Bendito sea

Bendito sea el Señor
por haber decidido
tan espontáneamente
no existir

todos nos quedamos mirando al cielo
desconsolados pero realistas
esperando que el próximo crepúsculo
traiga una magia laica

asoma el huracán que ahora está
    huérfano
y arrasa con las glorias y las penas
la pirotecnia irrumpe en las parroquias
como terapia para feligreses

este borde de agnósticos gasta
    melancolía
pero si dios por fin se ha llamado a
    silencio
le echaremos de menos en pleno
    escándalo
cuando nos propinaba su paliza en latín

primavera de ateo crepita en el
    desierto
no hay nadie en el oasis
ni siquiera un camello
nadie en el rascacielos
ni en la selva amazónica

estamos desvalidos y no obstante
ejercemos la fuerza de los solos

Despistes

Las cosas que uno olvida suelen ser
las que valdría la pena recordar
digamos los ojos de mirar la lluvia
o la casa sin nadie al regresar de un
    viaje
o el poema perdido en no sé qué
    obras completas
o la esquina de exilio en que ella estuvo
o el abrazo amigo que ya no estará

por más que se anoten en retina o
    pañuelos
uno queda vacío de ciertos estupores
de insomnios visitados por la muerte
    benigna
de piernas de mujer que iluminan la calle
o la virtual resaca del arrepentimiento
o el aliento del perro que nos sigue

así y todo hay etapas que no se borran
aunque soplen agüeros y tempestades
y derrotas sacrílegas nos apabullen
y el pulso saque cuentas de las urgencias
y sobrevivan huesos y pulpas de la patria
y por qué no la madre y su teta
    alimenticia

no se borra el cansancio del olvido
ni la frontera en que el rencor acecha
ni el menosprecio que nos rozó la nuca

ésos y otros escombros se refugian
en el currículo del alma vieja

Últimas palabras

Hay mentiras que vuelan como albatros
y otras que vibran como colibríes
embustes enormes como aconcaguas
y otros pequeñitos como tréboles

suele mentirse como se respira
como se pestañea o se estornuda
mentir en el amor es más difícil
porque en el beso suenan las alarmas

la verdad es tan pulcra tan extraña
como el atajo que atraviesa un bosque
no obstante lo peor lo imperdonable
es mentir en momentos decisivos
por ejemplo en las últimas palabras

REMONTAR LA NOCHE

*No tomaba ningún libro sin besarlo
en la frente.*

ELIAS CANETTI

Melancolías

Como es sabido la melancolía
no es sinónimo de soledad
aunque una y otra lleguen
con un llanto sequísimo
una ternura en trozos
una tristeza que no tiene nombre

con la melancolía no se juega
sobre todo si sube desde los huesos
y se abre temblorosa y delirante

hay una melancolía que se engancha a
la vida
y otra melancolía que se asoma a la
muerte

pero los melancólicos no son
candorosos
conocen por lo general de qué se trata
la asumen como una fiebre recurrente
como una propensión a la dulzura
o un modo inédito de respirar

normalmente
la soledad y la melancolía
tienen vergüenza de mostrarse
sólo el amor les infunde coraje
y las convierte en pájaros de fuego

Viajar o no viajar

Me gustaría que alguien me explicara
de un modo inconsolable pero cierto
por qué si los cruceros me esclavizan
la vida sedentaria me libera

los viajes me transforman me degradan
arman nostalgias en las que no creo
me enseñan a mentir en otras lenguas
y hasta llenar de culpas mi inocencia

me gustaría que alguien me explicara
de un modo sin fisuras pero claro
por qué cuando el avión se despereza
se borran la belleza y las ideas

en mi sillón el tiempo es tan distinto
veo llover y pienso por kilómetros
así sentado nunca me abandono
convierto lo lejano en cercanía

Espejos

Todas las servidumbres
del espejo son falsas
todas nos encandilan

el mar no tiene espejos
vive solo en sus sales
en su agüero portátil

la luna lejanísima
tiene brillos de espejo
y también de lujuria

jamás olvidaré
que esto es el sur espejo
un país de gaviotas

la gaviota se acerca
al mar como a un espejo
y al hallarse se espanta

nadie refleja nada
nadie tiene paciencia
para saberse otro

cuando me veo triste
con los pelos revueltos
sé que yo no soy ése

y si sonrío pienso
en un amor que al irse
me ha dejado tan serio

los espejos se rompen
para que se nos rompa
también la vanidad

Sin embargo

Nunca quise ser eco / y sin embargo
nunca quise ser sombra / y sin embargo
nunca quise ser duelo / y sin embargo
no quise ser escarcha / y sin embargo
me arrinconó la vida

Sueño y vigilia

Busqué un azul de amanecer
para poder sentirme cuerpo

y así fui armando la vigilia
con ruinas de otro manso sueño

el estupor de esa vigilia
lo fui dejando junto al miedo

quise no ser una vez más
y sin embargo sigo siendo

cuando los ojos se me cierren
me quedaré otra vez sin cuerpo

Remontar la noche

Me gustaría remontar la noche
de la infancia con lágrimas y miedo
para verla por fin en su crudeza
en su signo verídico y sencillo

la inocencia no es sólo de los niños
es también de los bravos y los viejos
y no es blanduzca ni condescendiente
ni se distrae en su mudez balsámica

los años nos recorren / implacables /
soportamos el cuerpo a duras penas
los años son maestros de abandonos
y nos dejan más solos que la una

nadie se esconde / el corazón es fácil
todavía produce sentimientos
algún rencor que otro / ojos de lluvia
mitos que son del enemigo

¿por qué no puedo concentrarme
en los cordones de mi sombra?
¿por qué no puedo entrar a saco
en el ardid del horizonte?

me gustaría remontar la noche
para nacer de nuevo / duelo y fiesta
con todas las lecciones aprendidas
y el corazón un poco más difícil

Me gustaría

Siempre que llueve
me vienen ganas de escribir salmos
        eróticos
si en cambio cantan un mirlo o un
        jilguero
me vienen ganas de besarte en frío
si una muchacha se lava los pies en
        una palangana
me gustaría secárselos con una toalla
        de algodón celeste
cuando el río se vuelve angosto como
        un arroyo sorprendido
siento que la sequía puede matar mis
        mariposas

cuando encuentro una hermosa viuda
con expresión de viuda convaleciente
me vienen ganas de acariciarle la
        tristeza
pero cuando un vientre se llena de
        otra vida
me gustaría apoyar la oreja
sobre el borrador de sus latidos

Cansancio

Una vez que se filtre este cansancio
que me pesa en los hombros y en los
    párpados
y yo no me contemple como a un
    desconocido
quizá pueda medir los suplicios y
    júbilos
que guardo en mi fichero

la juventud está tan lejos
la infancia tan remota
las pugnas tan perdidas
que no hay que buscar más
porque es inútil

el crepúsculo emigra en la ventana
sin un canto de ave
sin un sorbo de brisa
sin zumbido de abejas
sin salmos de borrachos

todo asume de a poco
un aire de desaire
el corazón dialoga con las sienes
y en algo están de acuerdo / en
    esperar
que el tiempo pase como un rito
como una ventolera o una noria

el cansancio es un módico intervalo
entre la obscena lumbre del trabajo
y la filosofía del bostezo

en el cansancio están los que meditan
en quién en cómo cuándo dónde
el cansancio es apenas un asueto
después del empalago la desgana y el
    asco

al cabo de la vida quisiera descansar
en un bosque de paz y sin preguntas
y desde la espesura escuchar en sosiego
el preludio de un réquiem privadísimo

Vuelo

Cuando cruzo el océano
metido como siempre en un cajón de
    vuelo
saco de la memoria cosas mínimas
que quedaron abajo / por ejemplo
el pan de las mañanas / el escándalo
de las bocinas y los pájaros

ah pero también
saco de la memoria cosas máximas
témpanos / cordillera / rascacielos

aquí arriba no existo / no me encuentro
no sé la contraseña de las nubes
las azafatas van y vienen
con sus piernas hermosas y terrestres
pero el cajón de vuelo es muy estrecho
no hay sitio para nada

abajo nos esperan las ciudades de frío
señores que nos miran como a
    sobrevivientes
pero el cajón con alas una vez en la
    pista
ya no tiene importancia
ha quedado sin luz y sin prestigio

Odios

Ya no nos queda tiempo para el odio
ni para la tirria o el desdén
los odiantes se roen a sí mismos
y mueren de metástasis de odios
es natural que los odiantes
se transformen a veces en odiosos
sin embargo no es aconsejable
odiar a los odiosos ex odiantes
ya que aquel pobre que desciende a
     odiar
nunca saldrá del pozo de los odios

El agua

La del grifo / la mineral / la tónica
la del río / la dulce / la salada
la del arroyo / la del mar / la regia
la de las cataratas / la del pozo

la de la lluvia / la del aguanieve
la de las fuentes o la del rocío
la del océano / la del aljibe
la del diluvio o la de la cascada

toda el agua del mundo es una abuela
que nos cuenta naufragios y regatas
que nos moja la sed y da permiso
para seguir viviendo otro semestre

Esperas

Yo no quise esperarme
mientras vos me esperabas /
si uno se espera huraño
la espera de uno mismo
es un tiempo vacío
un espejo sin nadie
la soledad más sola

yo no quise esperarme
mientras vos me esperabas /
la espera de uno mismo
es un aburrimiento
una noche azogada
sin ventanales pródigos
sin nostalgia del río

yo no quise esperarme
mientras vos me esperabas /
la espera de uno mismo
es una espera en vano
pues si uno comparece
sin pulso ni preguntas
la espera ¿a quién le sirve?

yo no quise esperarme
pero vos me esperaste
anhelante y confiada
sin quemarte en el aire

con la loca paciencia
de los que van y vuelven
y nunca desesperan

No te alegres demasiado

No te alegres demasiado
de todos modos no cedas
alégrate cuando puedas
y si la euforia te avisa
no desperdicies la risa

no te alegres demasiado
no te burles de las flores
no escapes de los amores
con gozo profesional
mira que nada es igual /
si el sueño se vuelve triste
olvida hasta lo que existe

no te alegres demasiado
mira que el mundo es farsante
se mofa del exultante
y sufre con el dichoso /
el abismo es contagioso /
si te llaman del pasado
no te alegres demasiado

Anticipo

La vejez cimbronazo inesperado
la recibimos con desidia joven
con dolorcitos casi anónimos
y un optimismo absurdo
que los análisis desmienten

la vejez tiene cómplices que no
    reconocemos
sus crepitaciones nos parecen latidos
las jaquecas son avisos de un ángel
y las rodillas oxidadas
un simbolismo a desechar

la vejez viene gratis / con meras
    prohibiciones
con cierta indiferencia por las flores
y la dulzura de los adioses buenos
esos que nos hacían mirar las
    golondrinas

la vejez qué milagro de lujo y
    esperpento
qué bambolla del descanso abrigado
anticipo virtual de esa aventura
que algunos dicen que es el fin

Sobre la risa

Hace tiempo que no tengo ganas de
   reír
y es una lástima porque la risa siempre
   incluye
una viruta de revolución
sobre todo cuando viene del sur
y propone fuegos y tramoyas
que los niños intercambian como
   figuritas

la risa amanece como bostezo
   prematuro
y todo porque en el sueño anduvo una
   alegría
desnorteada pequeña y pasajera
debajo de la sábana blanquísima

qué risa cuando uno se despierta
y la madrugada está dormida

no importa / la risa llegará
más acá o más allá de la frontera
llegará como el viento con su vela
como gorriones insignificantes
como alabanzas sin motivo
o como amores no correspondidos

después de todo cualquier júbilo
es una maravilla / a no perderlo
en las claudicaciones

ni en el celaje ni en la suspicacia /
el gozo es una forma de belleza
que se apaga en las franjas del
crepúsculo

Tampoco

Nadie lo sabe
nadie

ni el río
ni la calle
ni el tiempo

ni el espía
ni el poder
ni el mendigo

ni el juez
ni el labriego
ni el papa

nadie lo sabe
nadie

yo tampoco

Buenos muchachos

Ahora que galileo y giordano bruno
han sido redimidos por el humor del
    papa
también es de esperar que resuciten
y nos cuenten qué tal es eso
de pasar tanto tiempo en la nada
mientras el cosmos mata y se divierte

ahora que el papa nos ha convencido
de que galileo y giordano bruno
eran buenos muchachos / convendría
sacudir con fuerza la inquisición
para ver cuántos santos incluye
todavía a estas fechas

entre las conclusiones a sacar
de este estupor reciente
que invade los insomnios
estimo que lo mejor es ser ateo
pero no de engañapichanga
sino más bien ateo protocolario
ateo confesional
con vistas a que un papa
del dos mil setenta
autorizado eso sí por nostradamus
se anime a decretar en un acto de fe
o en una fe de erratas
que también nosotros
somos buenos muchachos

Piano

Cuando hace cinco años
se hundió aquel barco tan seguro
con cincuenta pasajeros y un piano
    steinway
los cincuenta se ahogaron sin remedio
pero el piano en cambio logró
    sobrevivir

a los tiburones no les gustan las teclas
así que el steinway esperó tranquilo

ahora cuando pasan
siempre que sea de noche
barcos de turismo o de cabotaje
suele haber pasajeros de fino oído
que si el eterno mar está sereno
o mejor serenísimo
perciben atenuados
y sin embargo nítidos
acordes de brahms o de mussorsky
de albeniz o chopin

y luego un golpecito
al cerrarse la tapa

Amores penitentes

Los sacerdotes no acostumbran
a enamorarse de las modelos
ni de las nadadoras con ombligo

a los sacerdotes les gusta más
enamorarse de las monjas
en homenaje / dicen / a la virgen maría

ah pero las monjas
cuando se enamoran de un sacerdote
no piensan en ningún homenaje
sino en el sacerdote propiamente dicho

los sacerdotes y las monjas
cuando se enamoran
adquieren el hábito de leer a dúo
el fervoroso
penitente
entretenido
cantar de los cantares

Pertenencias

Todo eso que sos te pertenece /
aunque a veces te juzgues desvalido
tan tuyo como tu habla es tu silencio
tuya es tu identidad a media asta
y tus tímidas huellas en el barro /
te pertenece el río que soñaste
y el otro río / allí donde se mojan
tu amor tu desespero tu confianza

tu propiedad bajo el azul es única
y es única tal vez porque no existe
tu libertad es exterior a vos
tuya será sólo si la capturas
y la dejas ser libre en cautiverio
o en tu pasión de ser o en tu agonía /
la libertad no vale en condominio
es una loca suelta / si está suelta /
cómoda de nombrar / difícil siempre
cuando se surte de alucinaciones

todo esto que sos te pertenece
tu corazón y sus revelaciones
tu caja de mentiras en reposo
tu dolor y el dolor de tu paciencia

lo innombrable también puede ser tuyo
sobre todo si alguna vez lo nombras

Irse

Cada vez que te vayas de vos misma
no olvides que te espero
en tres o cuatro puntos cardinales

siempre habrá un sitio dondequiera
con un montón de bienvenidas
todas te reconocen desde lejos
y aprontan una fiesta tan discreta
sin cantos sin fulgor sin tamboriles
que sólo vos sabrás que es para vos

cada vez que te vayas de vos misma
procurá que tu vida no se rompa
y tu otro vos no sufra el abandono /
y por favor no olvides que te espero
con este corazón recién comprado
en la feria mejor de los domingos

cada vez que te vayas de vos misma
no destruyas la vía de regreso
volver es una forma de encontrarse
y así verás que allí también te espero

No olvidar

Yo no quiero olvidar
ni las heces del norte
ni las mieles del sur

yo no quiero olvidar
ni el jilguero de infancia
ni el odio a martillazos

yo no quiero olvidar
ni la luna de abril
ni el árbol del destierro

yo no quiero olvidar
tu alerta de ojos verdes
ni mi exilio sin tacto

yo no quiero olvidar
las curvas del futuro
ni el mar con sus salmones

y no quiero olvidarlos
porque la vida es una
y olvidada no sirve
para nada

El futuro

Te llaman porvenir
porque no vienes nunca.

ÁNGEL GONZÁLEZ

El futuro es un campo
de batalla / de honor o de trigales
que está quieto o que viene timorato /
una vez será julio de nevadas
otra vez será enero de canícula

es un abrazo cándido el futuro
o un estrujón malévolo que asfixia
el porvenir viene con sus amores
arma un proyecto para el corazón

porvenir que estaría por venir
porvenir que no viene / que se queda /
que también arma un desencanto
y está lleno de rostros que no he visto
de labios no besados
de sexo no encendido
de ilusiones metidas en su túnel

el futuro será / qué duda cabe /
una puerta / la única
que no sabe cerrarse
más allá de su umbral están los fuertes
con su delegación de miserables

y algunos que otros débiles
que medran con el llanto y las fatigas

el porvenir el fruto de una apuesta
a hacer con el destino tentempié
sé que entraré infeliz o candoroso
recibiendo promesas y amenazas
que quedarán flotando en el espacio

yo mismo seré un gajo de futuro
y ya estoy añorando este presente

Arpa hechicera

Ignoro cuántas cuerdas tiene el arpa
ni me pondré a contarlas ¿para qué?
de tan colmado su sonido es joven
de tan antiguo es eco del descanso

el arpa vibra / así se compenetra
con las sorpresas y los remolinos
por unanimidad sus notas limpian
las remotas liturgias y los llantos

la tristeza del arpa es siempre alegre
por eso es que se siente libre y fábula
sus sobresaltos son como campanas
y sus campanas pasan como vértigos

el arpa es la hechicera del teatro
sus escalas despiertan los silencios
las manos de la arpista nos seducen
y quedamos allí como cautivos

Silvestre

Me iré silvestre por el pasadito
estoy incólume en el presentario
me iré descalzo por el futurible

el tiempo es casi el mismo pero nunca
es igual al de todos los que pasan
agridulces tristones discontinuos

mejor es inventarse de a poquito
con las brumas el cierzo la intemperie
hasta que al fin el cuerpo se descubre

obedece en los hombros y antebrazos
en los cartílagos y en el ombligo
en el flaco pernil y en los testículos

voy tan silvestre incólume y descalzo
porque algún día habrá que regresar
y no quiero morirme como un niño

Pobre mi alma

Algún día te mostraré mi alma
te mostraré mi alma alguna noche
ella patrulla toda la jornada
clavando penas en su maderamen
temblando en cada desembocadura
dejando algún adiós para el jilguero
y haciéndole preguntas a la tierra

alma que sabés todo o casi todo
con los años te vas volviendo joven
volás por los amores y los sueños
no hay alucinación que te detenga
cuando estás ciega generás visiones
te queda el tacto para la caricia
y un bálsamo de gracia en el olfato

alma que conocés mis arrabales
mi viejo abril / mi patria madrugada
vos me enseñaste a caminar descalzo
por las praderas del horror y el goce
a pavonear humilde ante los solos
sin animarme a clausurar su miedo

alma de mis insomnios / pobre alma
ya no puede salir de su tristeza
le arrimo sentimientos jubilosos
esos que ya no angustian ni estremecen
pero ella ya no es alma / es una almita
que yo abrazo en invierno / junto al
      fuego

La alegría

La gracia vive a corazón abierto
la caricia del mundo / ese descanso /
los sentimientos le consiguen víveres
de parte de otro corazón colega

copos de espuma suelta la alegría
en tributo a la luna abandonada /
cuando abre sus filiales de socorro
el cuerpo se sacude lentamente
de la calvicie hasta las pantorrillas
con escalas en todas las bisagras

por suerte le quita años a la próstata
a la miopía le regala auroras
su nervio se hace fuerte en los agüeros
y sus latidos son la garantía

lástima que el futuro nos abrevie
una alegría tan escurridiza /
nos pasamos más de una temporada
esperando sus flautas sus guitarras /
sólo nos damos cuenta de su ausencia
cuando hallamos en nuestro pobre
        insomnio
el grave testamento de sus lágrimas

A ellos

Se me han ido muriendo los amigos
se me han ido cayendo del abrazo
me he quedado sin ellos en el día
pero vuelven en uno que otro sueño

es una nueva forma de estar solo
de preguntar sin nadie que responda
queda el recurso de tomar un trago
sin apelar al brindis de los pobres

iré archivando cuerdos y recuerdos
si es posible en desorden alfabético
en aquel rostro evocaré su temple
en este otro el ancla de unos ojos

sobrevive el amor y por fortuna
a esa tentación no se la llevan
yo por las dudas toco la mismísima
madera / esa que dicen que nos salva

pero se van fugando los amigos
los buenos / los no tanto / los cabales
me he quedado con las manos vacías
esperando que alguien me convoque

sin embargo todos y cada uno
me han dejado un legado un regalito
un consuelo / un sermón / una chacota
un reproche en capítulos / un premio

si pudiera saber dónde se ríen
dónde lloran o cantan o hacen niebla
les haría llegar mis añoranzas
y una fuente con uvas y estos versos

Algo mágico

Preciso que me digan algo mágico
o al menos placentero / inesperado /
novedades pero de cielo abierto
con ojos de muchacha que promete
o un zorzal de revuelo generoso
o la estrella fugaz que anda en la noche

cuéntenme por favor de aquella aurora
que nació tan azul en los tejados /
de aquel otoño casi primavera
y las flores nacidas entre ruinas /
del coro de borrachos en la barra
y ciertas mariposas que madrugan

cuéntenme del guardián que se dormía
en tiempo de joviales estupores /
de los barítonos que carraspean
y las limpias campanas del domingo /
en fin detalles sin mayor relieve
que me devuelvan franjas de alegría

Allá Montevideo

Allá montevideo
solo o sin mí / que viene a ser lo mismo
recuerdo un viejo mástil sin bandera
cielos y uno que otro rascacielos
una última calle de adoquines
que duelen en mis pies pero me llevan
al falso mar / al lindo puertecito
que se olvidó otra vez del horizonte

reconozco los rostros de las casas
los niños en los cándidos zaguanes
el aire de provincia sin provincia
el viento que despeña los recelos
la gente sin apuros / rezagados
que esconden su miseria en la mochila
y los otros / los dueños de mercedes
que ostentan su poder y no poder

allá montevideo / todavía
sin caos / la pobreza pone orden /
con tangos contagiosos y urbanistas
una ciudad para quererla siempre
pese a ministros guardias descuideros
y prescindentes / viceprescindentes
ciudad de arenas / túnel de alegrías
sola o sin mí que viene a ser lo mismo

Patio de este mundo

Me pertenece un patio de este mundo
sin claraboya y además sin toldo
allí he podido meditar distinto
y juntar las virutas de mis siestas

un patio de este mundo descielado
donde nadie me hostiga y yo no
      hostigo /
eso que se reparte en las baldosas
son pedacitos de cavilaciones

también hay pensamientos repujados
con pena con fervor con desaliño
es una soledad desguarnecida
con soles y cenizas de otro tiempo

un patio de este mundo / salpicado
por súplicas por órdenes por hurras
aguardo quietecito como un búho
que monta sus agüeros de la noche

me pertenece un patio de este mundo
donde en otoño me ha temblado el alma
ignoro si de dudas o de frío
de dulzuras antiguas o de miedo

un patio de este mundo / yo en el aire
contabilizo nubes y palomas /
es un espacio lleno de destinos
pero al final no sé qué haré con ellos

entre cuatro paredes y no obstante
me siento libre / dueño de mis huesos
con mis prójimos lejos pero cerca /
patio de siempre / patio de este mundo

Filatelia

Yo colecciono jarras de cerveza
sin cerveza —por el ácido úrico—
naturalezas muertas que parecen
naturalezas vivas / violonchelos
o mejor su sonido inolvidable /
rendijas que dialogan con los vientos
paisajes de agua desde mi ventana
papeletas y fábulas científicas
canciones sosegadas y rompientes
fotos de niños que se convirtieron
en punteros izquierdos o ministros /
bocinas de forchelas anacrónicas
irreverencias como bendiciones
grietas en el porrón de la sintaxis
nostalgias en desorden alfabético
sonetos con su rabo de estrambote /
de esto se trata pero sobre todo
yo colecciono jarras de cerveza
sin cerveza —por el ácido úrico—

Un bufón y un ángel

Todos llevamos un bufón y un ángel
un santo y un verdugo
un borracho y un sabio

todos tenemos un adiós llorado
un álamo nervioso
dos o tres bienvenidas

todos miramos a través del sueño
de cristales con vaho
o de amores de otoño

el cierzo nos despeina en un instante
si es que aún conservamos
un fiordo de calvicie

estamos a merced de las mercedes
de las palabras dichas
y las no pronunciadas

hay una suerte que nos viene hecha
y otra que desplegamos
con un poco de suerte

cuando nos inventamos en la noche
quedamos tan espléndidos
que no nos reconocen

Windows 98

Antes del fax del modem y el e-mail
la vergüenza era sólo artesanal
la mecha se encendía con un fósforo
y uno escribía cartas como bulas

antes los besos iban a tu boca
hoy obedecen a una tecla send
mi corazón se acurruca en su software
y el mouse sale a buscar el disparate

cuando me enamoraba de una venus
mis sentimientos no eran informáticos
pero ahora debo pedir permiso
hasta para escribir con el news gothic

te urjo amor que cambies de formato
prefiero recibirte en times new roman
mas nada es comparable a aquel
  desnudo
que era tu signo en tiempos de la
  remington

Socorro

Entre tantas figuras figurantes
que huelen a abundancia y despedidas
poco van a importarme las heridas
de ahora y mucho menos las de antes

el dolor no resuelve interrogantes
y se esconde en sus clásicas guaridas
viene con la misión de los suicidas
y el embuste frugal de los amantes

aunque esté un poco hastiado de mi
      hastío
y no quiera colmarme de rencores
no es mucha la tristeza que me ahorro

ya lo tengo resuelto / a pesar mío
y al margen de mi lastre de rubores
por una vez voy a pedir socorro

Children

En el mundo no abundan los que
    matan
con tanta puntería y odio inútil
con tanto automatismo y desapego
como los niños norteamericanos
tribu de ángeles que prolifera
en la basura de la democracia

niños que ya son viejos de tan viles
gozan en su taller de sangre usada
ya no saben llorar ni andar descalzos
su corazón candente los empuja
a matar a matar como los grandes
pero ignorando siempre por qué matan

los pájaros a veces les preguntan
por qué razón acaban con los niños
y entonces no vacilan / matan pájaros /
las estrellas también se lo preguntan
y tampoco vacilan / les apuntan
pero ellas fulgen demasiado lejos

De corazón o de corazonada

El poema ha olvidado ya si era
de corazón o de corazonada
cuando nació en aquella temporada
en que la inspiración era viajera

un poema también es la tijera
que corta por lo sano en la jornada
y conoce pulgada por pulgada
las triquiñuelas de la primavera

habrá que recalar en la utopía
que pese a todo existe todavía
pero este tiempo es tan contradictorio

que el poema renace en cada prueba
y antes de hacer borrón y cuenta nueva
se queda a patrullar el territorio

De mal gusto

Pocos quieren morir
ni tan siquiera
los que moldearon músculos de acero
o los del torbellino del mal gusto
o los del laberinto del recelo

todos quieren llorar lo que les queda
y disfrutar la ráfaga penúltima

por eso hemos reservado un sitio
en la vereda de los malos pasos
y si aprendemos a decir adiós
es porque la liturgia nos instruye

morir es de mal gusto
nadie elige
finales exquisitos placenteros

Limosna

Por favor señora fíjese en esta mano
no habla y sin embargo está pidiendo
no monedas de azar sino delirios
vale decir limosnas con gracia y con
    paisaje
gotitas transparentes como lágrimas
verdades reveladas a la sed de curiosos
pajaritos que bajan de un pino
    octogenario
tugurios para besos sin pudor y a
    escondidas
omisiones de infancia o de vejeces
señora por favor deme su orgullo
lo guardaré en mis ínfulas de pobre

Cartas no escritas

Las cartas no escritas son las más tiernas
las más convincentes las más vivas
son así porque la vergüenza
se queda en su frasquito
y no sale a sembrar el desconcierto

las cartas no escritas son las más veraces
tan piadosas son y tan arrepentidas
que pueden convertirse en sollozos de
    luna

las cartas no escritas son las más
    lacónicas
tan desguarnecidas y tan modestas
que van dejando párrafos en las arterias
puntos y comas en la garganta
paréntesis de escándalo en los tímpanos

las cartas no escritas si algún día se
    escriben
se adornan con palabritas y palabrotas
apelan a ardides en plena sintaxis
y dicen lo que dicen sin decirlo

Estatua

Detrás de cada estatua hay un ser vivo
compañero de armas o de ramas
existe sin embargo una ley bruja
y es que antes de ser mármol / piedra /
    bronce
hay que estar muerto sin lugar a dudas /
es duro ser estatua del vacío
y que pasen camiones / autobuses
motocicletas y ferrocarriles
y nadie se moleste en preguntar
quién será ese fulano tan antiguo

alguna vez llega una golondrina
con sus dos cagaditas de rigor
o dos gorriones húmedos de niebla
que picotean las orejas sólidas
de ese señor que no les da migajas /
la pobre estatua colecciona lluvias
pero escasísimas curiosidades
no tiene ensueños ni melancolías
y como no hay silencios que la evoquen
con tanto olvido se ha quedado inmóvil

La gloria

La gloria siempre incluye a pesar suyo
algún trocito de fracaso inmóvil
y si no recordemos a bolívar
a napoleón a kafka a galileo
a roque dalton o a oscar wilde
y también a mi tía a mi maestra
a mi padrino y a mi diputado
la gloria es a menudo tan incómoda
como la juventud o el viento norte
siempre carga con sobrantes de culpa
que suelen molestar como una noria
la gloria es un achaque tan sencillo
que no mejora con los monumentos
y si llega al mojón de la desgloria
allí estarán la lápida y el ramo

ÉSTAS Y OTRAS GUERRAS

Si me dieran a elegir, yo elegiría
esta inocencia de no ser un inocente,
esta pureza en que ando por impuro.

JUAN GELMAN

El miedo de los héroes

El miedo de los héroes
surge promedialmente
de un rencor olvidado

el miedo de los héroes
no es como el de los ángeles
que entre pétalo y pétalo
sólo temen a dios

el miedo de los héroes
es menos contagioso
que el coraje burlón
de los cobardes

tiene algo de quimera
de máscara fugaz
de culpas archivadas

el miedo de los héroes
es miedo pero de héroes
por eso corre el riesgo
de que su corazón
acabe malherido

¿Por qué será?

¿Por qué será que uno fabrica sus
    recuerdos
y luego los olvida?
¿por qué será que uno procede de
    algún dios
para volverse ateo?
¿por qué será que la luna tiene
una barriga blanca?
¿por qué será que cuando abro el
    ropero
las mangas me saludan?
¿y que tu boca dice ternuras
tan sólo cuando calla?
¿por qué será que un cuerpo virgen
tiene pezones de burdel?
¿por qué será que si decido
morir nadie me cree?
¿por qué será que los pájaros cantan
después de los entierros memorables?
¿por qué será que si beso tu beso
me siento renovado?
¿por qué será que me haces tanta falta?

La sangre derramada

Cuando la herida viene de muy lejos
la sangre derramada no se seca
lleva en sí misma una tristeza opaca
y nunca se podrá lavar del todo

la sangre derramada tiene historia
de siervos que murieron bajo el sol
lleva en sí misma un corazón insomne
que late a veces y otras veces no

la sangre derramada es un lenguaje
que ya no se conforma con palabras
lleva en sí misma un apretón de adioses
y una canción por todos olvidada

Huesos

Toda la tarde estuve
pensando en mi esqueleto
y no me pude imaginar sin él
¿a vos qué te parece?

uno conoce la importancia
de las manos / del hígado / del
      páncreas
del sexo / del gañote / del ojo aunque
      sea tuerto
pero el esqueleto es una cosa pétrea
      indiferente
que no transmite sentimientos
no llora no se ríe

pero cuando la parca esa bendita
nos tritura las carnes y los músculos /
el riñón / las encías / las mucosas /
el esqueleto es lo que queda
tramo final de nuestro sino

y al fin / entre coronas
de flores / comprendemos /
la vida es puro hueso
y duro de roer
¿a vos qué te parece?

Campana

Si en la vejez repica la campana
¿por qué razón voy a cambiar de traje
ni de casa adecuada
ni de menú sabido
si ya no crezco hacia las novedades
y el orgullo me mira con tristeza?

la campana disfruta sus alertas
y yo cierro los ojos por las dudas
cuando los abra a tono con mi vela
el día encanecido
tendrá un tinte nocturno
y sorpresivamente
será un mundo de nietos
ya maduros / crecidos / algo miopes

la campana dialoga con cigüeñas
que tampoco quieren cambiar de nido
ni de plumaje antiguo ni de rama

nadie quiere olvidar pero se olvida
la memoria es un cántaro prolijo
donde se guardan los mejores fósiles

si en la vejez repica la campana
vendremos a ofrecerle los adioses
que hemos juntado aquí y en el exilio

Soledades

La soledad no es una gayola
es tan sólo un cultivo
una emancipación
un duro aprendizaje

la soledad no es una clausura
es un espacio libre
un césped sin historia
un crepúsculo púrpura

la soledad no es un calabozo
es una absolución
una soberanía
un ramo de preguntas

tampoco es cofre de seguridad
es una vacación
un regocijo afluente
un llanto tributario

después de todo es verosímil
la soledad es un amparo
casi un ritual consigo mismo
para entregar la devoción
al amor de otras soledades

Innumerables otros

Viven en nosotros innumerables otros.

FERNANDO PESSOA

Naturalmente / están en mí
con ojos manos labios
alientos y reproches
dudas afiladísimas

como hasta ahora no murió ninguno
hablan por mi boca
miran por mis ojos
dicen que yo dije
y yo no dije nada
mienten / eso es todo

innumerables / los hay tiernos
pero les cuesta amar
son demasiados como para
compartir un sentimiento

están en todas partes
en mi garganta en mis oídos
en mis rodillas en mi páncreas
y por si eso fuera poco
se organizan en coros
que me ensordecen

se burlan de mi voz y de mi tos / de
        mi disnea
y si en la noche escupo

algún innumerable
los otros me repudian
y hacen huelga
o se retiran ofendidos

eso me viene bien /
sin esa multitud de inoportunos
regreso a ser yo mismo
solitario y poquito

De la derrota

Aquellos que vienen de la derrota
guardan en el fondo cierta ufanía
tal vez porque serenamente escogen
ser derrotados antes que corruptos

los sobornos arañan la conciencia
como testigo el cielo encapotado
en tanto que la lengua juega sucio
y hace promesas que son espejismos

aquellos que vienen de la derrota
con ojos apenados y sedientos
saben cómo espantar los menosprecios
y los anuncios y los ecos falsos

la derrota suele ser de madera
noble como las viejas salvaciones
nos sentimos como un recién nacido
en la limpieza de la vida triste

Clandestina

Cono Sur, años setenta

Me gustaba me gusta la vida
    clandestina
pese a las amenazas que convoca
y a las responsabilidades que se abren
y suelen estar listas
las veinticuatro horas

después de todo es lindo
inventar contraseñas
en la misma nariz del enemigo
y en la conciencia de que cada sílaba
viene de un escondrijo

la vida clandestina tiene el hábito
de deslizarse entre canallas
y antes de llegar al campamento
de las buenas conjuras
se despereza en el epílogo
de una jornada en cifra

por supuesto la vida clandestina
se entiende con las olas y las garzas
pero si se refugia en la modorra
deja como custodio su ojo tuerto
que reconoce culpas e inocencias
y la política y su aplauso estéril
ah la vida clandestina qué presagios
construyes en tu horóscopo de amor

buscas los ojos verdes como señas
como permisos como arranques /
en tu feudo no existe la vergüenza
tu disimulo cubre cualquier ruido
clandestino o legal / qué maravilla

Basura

En la basura crónica agonizan
las maravillas que ya caducaron
los desconciertos de la vieja infancia
los quejidos del viento inconsolable
lo más intrascendente de lo sabio
los desperdicios que se amontonaron
en representación de la miseria

en la basura crujen se humedecen
cartas de amor perdido o encontrado
facturas de dolor / pasado ardido
pañuelos rotulados por la sangre
sobrantes de mendigo y otras sobras
la hez contemporánea / digamos
la bazofia honorable de esta tierra

Ecos

Va despertando el eco
el eco mío
el de mi voz gastada
y sin embargo no lo reconozco

trae una red extraña
de palabras que suenan
como de otros
y tal vez son mías
y la despliega lentamente
ante mí que soy otro
pero que no me encuentro
en ese mar de ecos

el viejo mundo gira y se lo lleva
se lleva el eco que era mío
y va buscando la voz madre
de la que nace cualquier eco

el eco lleva siglos
vagando por la historia
pero mi eco propio
personal
exclusivo
ya no está entero / incluye
súplicas y mandatos
pedacitos de sueños
sombras adolescentes
el eco de antes viene
repartido en equitos

el eco mío
el de mi voz gastada
se introduce temblando
entre las piedras
y en las piedras por fin
me reconoce
y me presta su voz
la que era mía

El mundo que respiro

1

El mundo que respiro
huele a basura fértil
a memoria de incienso
a nafta y a macdonald

el aire llega mustio
sin nadie que lo sople
sin ingenios en flor
ni ráfagas de tango

o ni siquiera llega
entonces respiramos
la bocanada oscura
del tiempo transcurrido

por sus lentas razones
por su falsa alegría
el mundo que respiro
es ceniciento y lánguido

2

El mundo que respiro
es de nadie / es de todos
me ahoga o me libera
me exige / me conmina
me agobia con noticias
con odios / con ternura

el mundo que respiro
trae provocaciones
indultos y milagros
me llena los pulmones
de ráfagas que ignoro
pero nunca es el mismo

el mundo que respiro
tiene quejas de mártires
mensajes de suicidas
explosiones de júbilo
y no obstante no obstante
vivo porque respiro

Éstas y otras guerras

Las guerras viejas / las de puño y letra
eran sufridas para sufrir menos
llevaban el registro de sus náufragos
sabían del candor de las trincheras
se daban ánimo en las papalinas
y destruían / sólo destruían
para negar el quinto mandamiento

que yo sepa no hay guerras por amor
las guerras salen de su pozo antiguo
y las jaurías del terror las siguen
proponen himnos / pero sobre todo
misiles / repertorio de desastres
izan banderas / pero sobre todo
catálogos de pánico y de sangre

las guerras nuevas no tienen semblante
salvo el rostro sutil de las finanzas
su corazón sabe contar obuses
como quien cuenta ratas o gallinas
juegan en su garito con el hambre
rasuran la amazonia y la esperanza
y nos dejan sin tímpanos sin ojos

un día llegará en que las guerras
no tendrán ni un cristiano a quien
        matar
la soledad del mundo / ese bochorno
se expresará en un solo aburrimiento
los mansos pizarrones de wall street

quedarán fijos en un cambio inútil
y nadie habrá para joder a nadie

Sangra la belleza

Crimen globalizado / universal /
el pan nuestro de cada día o noche /
la realidad estable no es ahora
el resumen virtual de la belleza
más bien son las miradas esqueléticas
de niños negros con dientes
    blanquísimos

es una escala de padecimientos
con el manjar del agua tan remoto
la tierra seca en tajos de nostalgia
y el desamparo de cualquier color
que dice alarma en todas las pantallas
para solaz de los indiferentes

la globalización de los hambrientos
es el aperitivo de los amos /
los crímenes comunes de la víspera
son cadáveres nuevos en la bolsa
en las pólizas bonos y mercados
la belleza ahora sangra / se hace
    coágulos

Desde el origen

Desde el origen somos indefensos /
si alguien nos hace añicos la esperanza
o nos da una ternura envenenada
es porque somos lo que somos /
    hombres
encallados de nuevo en la vergüenza
sin un pánico real que nos proteja

somos los inquilinos de una duda
que tiene puertas y ventanas locas
nos dicen nunca como buenas noches /
desde la infancia somos desvalidos
y lo seremos hasta la agonía /
nunca nos enseñaron otra clave

que al menos venga un perro a
    defendernos
un perro hermano / un fiel sin
    requisitos
cuando nos lame / frágil de tristeza
sabe ¿quiénes somos? / quiénes no
    seremos
llegaremos con él / entero / puros
hasta el fin de la suerte y del camino

El mar ese evangelio

El mar / ese evangelio donde dicen
que jesús caminó con desparpajo
esa alfaguara de los invasores
esa fontana de los pusilánimes
sabe mucho muchísimo de náufragos

el mar lleva en la cresta de sus olas
destellos esotéricos del faro
una copia virtual del universo
que acabará dejando en otra orilla /
el frágil recadero de la historia
se transforma en gigante sordo y mudo

si está desaforado llega y huye
por algo es la ocasión de los suicidas /
si está manso y benigno / languidece
con los corales y los pescadores
el mar empieza en mi balcón de rocas
y acaba en la mitad del horizonte

Casillero

Mi memoria la tengo dividida
en diez compartimientos y un subsuelo
casilla uno / aquel confesionario
casilla dos / la ubre maternal
casilla tres / paisaje bajo ráfagas
casilla cuatro / el beso del estreno
casilla cinco / estrella que no cesa
casilla seis / la cama con un cuerpo
casilla siete / un fardo de perdones
casilla ocho / un llanto congelado
casilla nueve / el whisky del coraje
casilla diez / desahogo in extremis
ah ¿y el subsuelo? al lumbago maldito
no le ha gustado nunca
que me meta en honduras

Desmorirse

Cuando muera quisiera desmorirme
tan sólo por un rato para ver
cómo el mundo se lleva con mi
    ausencia

a los que lloren les daré un pañuelo
a los que rían un bol de ceniza
indiferencia a los indiferentes

cuando muera quisiera desmorirme
y visitar de nuevo a mis compinches
a los sobrevivientes por supuesto

y preguntarles las poquitas cosas
que se fueron quedando en el tintero
o que neutralizó el silencio turbio

Uno que otro dilema

Cada vez que me enfrento a los espejos
nunca sé si ese rostro es mi fachada
y si me encuentro allí con mi mirada
me evado de unos ojos tan perplejos

mientras logran los niños y los viejos
disfrutar el sabor de la jornada
a mí me queda alguna temporada
para sentirme audaz pero de lejos

el presente virtual es una hoguera
el pasado está aún en su penumbra
y el futuro amenaza dondequiera

volvemos a sentirnos peregrinos
acaso porque nadie se acostumbra
a vivir como quieren los mezquinos

Stazione termini

La viejísima edad nos aturulla
nos agobia con penas de la tierra
nos recuerda todo lo que quisimos
y lo que nos dejaron de querer

por el filtro pasan los alguaciles
las toninas allá en el horizonte
las águilas se lanzan en picada
todo envejece menos la tristeza
que sigue joven con su llanto flaco

los deseos están en los huesitos
el corazón late como un martillo
las piernas no se bastan / la paciencia
no puede más allá de lo que puede
para qué acostumbrarse a los adioses
si hay un único adiós que está a la
        espera

los días vejestorios son tan breves
como los haikus del buen matsuo
        bashoo
por eso acaba cuando se está abriendo
la ventana del alba silenciosa

la viejísima edad nos aturulla
ya no hacemos preguntas sobre el sur
no releemos a proust ni a baudelaire
ni a vallejo ni a rulfo ni a machado

y si chocamos con la lejanía
allí nos cuelgan la última etiqueta
o sea el epitafio de los mansos

El abandono

Cuando el amor se suelta en abandono
o el abandono nos oprime y clama
es porque transcurrimos en el borde
de la melancolía o del deseo

la vida es más sencilla que una ronda
y sin embargo duele y sin embargo
independientemente de otros trances
se engaña y nos engaña sin pudor

y si el pudor está en los que se fueron
los desaparecidos en inquinas
en bloques de cemento o en el mar
nadie va a asimilar tanta desdicha

si el abandono invade una memoria
que se niega a lidiar en el vacío
dejemos por una vez que el alma
pida socorro como en otros tiempos

Piernas

Qué ágiles mis piernas / las de
    entonces
las que bailaban la milonga pura
y corrían los ochocientos llanos

en cambio las actuales
no resisten tres plantas de escaleras
siempre andan a la busca de ascensores
que las rodillas y otras
bisagras agradecen

así y todo las piernas sirven para
conducirme hasta vos
y por lo menos eso es un servicio
que los pulmones recompensan
y el corazón alumbra

el bastón no me gusta / me parece
un escrúpulo falso / una flaqueza
casi una confesión de rezagado
un argumento para que las tibias
se dispongan a darse por vencidas

trataré por supuesto que estas piernas
me sirvan como medio de transporte
para llevarme desde el más acá
hasta los pórticos del más allá

Plural

Muchedumbre no es pueblo / es
  multitud
yo-tú-él-ella somos singulares
o sea pedacitos de plural

desde lejos a veces nos confunden
pero en la cercanía / cara a cara
yo-tú-él-ella somos cada uno
el animal que nos cayera en suerte

el plural nos acoge como a hijos
pero la muchedumbre nos aplasta
yo-tú-él-ella somos singulares
algo de todos en plural angosto

en los vaivenes nos reconocemos
como espejo del otro / el empañado

Mar insípido

El mar de tan insípido es inmenso
no tiene corazón ni abrecaminos
cual saliva de dios inexplicable
viene y se va sin entregarnos nada

el mar opaco o transparente crece
o decrece en el lecho de su hondura
señor de los naufragios deja cuerpos
en las islas que esperan su legado

a sus olas sin sol no las conmueve
ni la sirena fiel de copenhague
el mar no es un puñal / son mil puñales
que acaban con los viejos pescadores

no sabe perdonar / su ley de siempre
es que el pez grande ha de comerse al
    chico
nosotros pasaremos pero el mar
quedará como sábana y testigo

Malarte poética

Puede nacer de un río
de una luna gastada
de una desesperanza
de un crimen por sospecha
de un sollozo lejano
de no mirar el cielo

un poema salvaje
llama a la llama y huye
nos deja su relámpago
escondido en el piano
la bienaventuranza
herida entre las sienes

un poema suplente
no sabe de estas copas
ni de estas ascuas ni
del verdadero vino
ese que nos da sílabas
y metáforas mudas

un poema de mísero
se sueña exuberante
se arrima a los claveles
y a veces sin embargo
su palabra avenida
es sólo un caminito

pero el poema crudo
candoroso palpable

el premio inesperado
nace en las pulsaciones
llama a la llama y arde
despreocupadamente

No sé nada

No sé nada / no cultivo vergeles
del arrepentimiento para darte
un nomeolvides que hemos olvidado
cada uno conoce su efemérides
sus ganas y desganas / su esqueleto

el torbellino de las avenidas
no le devuelve a nadie sus esperas
la luna esmerilada es diferente
de la luna borracha de otros tiempos
hay lamidos del mar / ese mezquino

no sé nada / la última liturgia
sólo me reforzó la suspicacia
tengo socorros tibios en la oreja
y sé de inconfesables que presumen
como los mandatarios del carajo

Octogésimo

A los ochenta años uno empieza
a olvidar las ausencias / los vacíos /
los orificios de la duda
los nombres de las calles
el motivo irreal de las nostalgias
las lagunas del tiempo pordiosero

después de todo hay que aceptar
que esa desolación ya no hace daño
más bien ayuda sin quererlo
a que la talla espiritual se pula
y hasta la soledad se vuelva amena

a los ochenta ya no es necesaria
la respuesta humillante del espejo
uno ya sabe la orografía de las arrugas
la mirada sin fe de los insomnios
el fiordo inaugural de la calvicie

el futuro se ha vuelto milimétrico
no conviven en él dulces sospechas
las expectativas son flaquísimas
y uno se va habituando a una quimera
tan breve como inmóvil

a los ochenta las paredes miran
y a veces hablan y aseguran
que todavía no van a derrumbarse
pero uno por si acaso sale a la intemperie
y encuentra que es un refugio acogedor

Cierre

Es el final de un libro como todos
último río arriba o bien penúltimo
aquí dejo creíbles lontananzas
que todavía usan mi paisaje
dejo hogueritas con ceniza azul
y también rostros mal y bien dormidos
probablemente dejo poco o nada
como en una parodia de historieta

en un poema uno da su vida
y asimismo un poquito de su muerte
el sentimiento pasa / deja huellas
y no para los otros malvenidos
sino para uno mismo / es necesario
saber qué alrededores y senderos
nos pertenecen o pertenecieron
ya no importa que el verso sea pobre
con heridas terrestres o piadosas
ni que nos pongan odios diminutos
debajo de la almohada sorprendida

es el final de un libro que se hizo
con ansiedades a tristeza abierta
y con convalecientes utopías
dilemas entre el frío y la humildad
y el nacimiento de los entusiasmos
tal vez con la alegría inesperada
que apareció en el filo del amor
si bien se mira es / después de todo /
sólo una crónica de franjas mínimas
que en su momento fueron esenciales

RINCÓN DE HAIKUS
(1999)

No sigas las huellas de los antiguos
busca lo que ellos buscaron.

1

si en el crepúsculo
el sol era memoria
ya no me acuerdo

2

la muerte invade
de vez en cuando el sueño
y hace sus cálculos

3

los pies de lluvia
nos devuelven el frío
de la desdicha

4

por si las moscas
hay profetas que callan
su profecía

5

invierno invierno
el invierno me gusta
si hace calor

6

los premios póstumos
se otorgan con desgana
y algo de lástima

7

y al laureado
no se le mueve un pelo
allá en su nicho

8

las religiones
no salvan / son apenas
un contratiempo

9

pasan misiles
ahítos de barbarie
globalizados

10

después de todo
la muerte es sólo un síntoma
de que hubo vida

11

las hojas secas
son como el testamento
de los castaños

12

lo peor del eco
es que dice las mismas
barbaridades

13

a nuestra muerte
no conviene olvidarla
ni recordarla

14

los sentimientos
son inocentes como
las armas blancas

15

la mariposa
recordará por siempre
que fue gusano

16

hay pocas cosas
tan ensordecedoras
como el silencio

17

son manos locas
de pianista o de herrero
las que nos hablan

18

los hombres odian
presumen sueñan pero
las aves vuelan

19

los dos ladrones
miraron a jesús
y se miraron

20

cada suicida
sabe dónde le aprieta
la incertidumbre

21

óyeme oye
muchacha transeúnte
bésame el alma

22

no hay alegría
más alegre que el prólogo
de la alegría

23

la vida es breve
lo afirmaron a una
falla y onetti

24

si no se esfuman
hay que tener cuidado
con los fantasmas

25

me gustaría
mirar todo de lejos
pero contigo

26

no sé tu nombre
sólo sé la mirada
con que lo dices

27

después de todo
la maniquí no sabe
que es libertina

28

cada trasplante
incorpora los flecos
del dueño antiguo

29

almas en pena
almas que lleva el diablo
todas son almas

30

cada comarca
tiene los fanatismos
que se merece

31

los que caminan
sobre ríos de vino
a veces flotan

32

puedo morirme
mas no acepto que muera
la humanidad

33

si hubiera dios
nadie le rezaría
por no aburrirle

34

cuando la pena
proviene del candor
puede ser dulce

35

dame cobijo
con toda la ternura
que te he prestado

36

cuando te ríes
mis ojos te acompañan
con lagrimones

37

durante el sueño
los amantes son fieles
como animales

38

en cada historia
el perdón y la inquina
son estaciones

39

viejo curtido
ya no quiero pasar
por otro espanto

40

en plena noche
si mis manos te llaman
tus pechos vienen

41

el exiliado
se fue adaptando al tedio
de la nostalgia

42

la golondrina
da vuelta a su pasado
no encuentra el nido

43

la caracola
me deja en el oído
viejos pregones

44

no quiero verte
por el resto del año
o sea hasta el martes

45

diez de septiembre
no recuerdo otros vientos
tan desbocados

46

pasan las nubes
y el cielo queda limpio
de toda culpa

47

el río avanza
con los cisnes estáticos
y vanidosos

48

no sé mentir
nunca he mentido salvo
cuando he sabido

49

desde la biblia
el cielo y el desnudo
pecaron juntos

50

quiero vivir
hasta el último instante
de la tiniebla

51

las plantas oyen
si uno las lisonjea
se hinchan de verde

52

si me mareo
puede que esté borracho
de tu mirada

53

las soledades
está de más decirlo
siempre andan solas

54

el cocodrilo
y el sauce llorón lloran
de puro vicio

55

cuando diluvia
pienso que está cayendo
el mar de arriba

56

al amor simple
la paz de los burdeles
no le hace daño

57

drama cromático
el verde es un color
que no madura

58

las añoranzas
son menos añoranzas
cerca del río

59

cuando mis ojos
se cierran y se abren
todo ha cambiado

60

quién lo diría
los débiles de veras
nunca se rinden

61

me siento viejo
pero el zorzal es joven
y me provoca

62

oscuro unánime /
sólo queda un farol
que pide auxilio

63

cuando anochece
se estremecen los pinos
y no es de frío

64

no me seduce
el burdel del poder /
prefiero el otro

65

pasa que al trébol
si tiene cuatro hojas
no hay quién lo aguante

66

en todo idilio
una boca hay que besa
y otra es besada

67

los apagones
permiten que uno trate
consigo mismo

68

cómo disfrutan
en un bando y en otro
los asesinos

69

en la laguna
el agua es un espejo
sin exigencias

70

mientras revivo
acuden primaveras
a mi memoria

71

mas si agonizo
los inviernos se instalan
como sabuesos

72

los grillos rezan
pero son oraciones
iconoclastas

73

en cofre nuevo
guardé los sentimientos /
perdí la llave

74

los epitafios
vienen a ser la gracia
del cementerio

75

me gustan cristo /
santo tomás de aquino /
la sulamita

76

por este puente
transcurren ilusiones
y contrabandos

77

llueve sin ruido
pero bajo el paraguas
funciona el beso

78

con la alborada
renacen los mejores
remordimientos

79

la novia piensa
en sábanas en tules
y en otro estreno

80

fiebre de oro
y en las calles y campos
barro y mendigos

81

conforme truena
los oídos del bosque
se cubren de hojas

82

van las muchachas
cada paso más lindas
y yo más viejo

83

con la piedad
a veces se organizan
lindas colectas

84

quisiera verte
en vigilia o en sueños
o dondequiera

85

solo más solo
qué hojarasca de solos
prójimos léjimos

86

con tres rencores
hay quien amasa odios
por todo el resto

87

ya no hay secretos
por tus ojos espío
nuevas conjuras

88

sólo un milagro
puede hacer de un velorio
dos carnavales

89

me gustaría
que el año comenzara
todos los sábados

90

la mujer pública
me inspira más respeto
que el hombre público

91

no te acobardes
son grises del crepúsculo
sombras de asombro

92

las grandes urbes
no saben lo que saben
ni lo que ignoran

93

la vía láctea
tan sólo nos protege
cuando no hay nubes

94

cuando uno viaja
también viaja con uno
el universo

95

sólo el murciélago
se entiende con el mundo
pero al revés

96

si el corazón
se aburre de querer
para qué sirve

97

ola por ola
el mar lo sabe todo
pero se olvida

98

amor en vilo
la sospecha entreabre
su celosía

99

cómo reirían
los puntos cardinales
si fueran cinco

100

en la razón
sólo entran las dudas
que tengan llave

101

no es grave pero
el insomnio en la siesta
no tiene cura

102

si cae un rayo
los valientes se abrazan
a los cobardes

103

sólo jactancia
mi maleta es enorme
y está vacía

104

cuando te vayas
no olvides de llevarte
tus menosprecios

105

parece cuento
al barco lo defienden
los tiburones

106

te espero en tierra
me dijo la azafata
pero no vino

107

una campana
tan sólo una campana
se opone al viento

108

allí en tu alma
allí en tu corazón
allí no hay nadie

109

se despidieron
y en el adiós ya estaba
la bienvenida

110

ya todo es rojo
geranios rosas vino
banderas sangre

111

aquí seguimos
los niños y los viejos
irresponsables

112

tantos amigos
entre un invierno y otro
nos van dejando

113

bueno sería
que las mafias se fueran
a otro planeta

114

las piernas de ella
nos dejaban sin habla
y arrugaditos

115

cuando me entierren
por favor no se olviden
de mi bolígrafo

116

patrias de nailon
no me gustan los himnos
ni las banderas

117

cuando prometen
los políticos ríen
con los suplentes

118

palabras que arden
palabras que se apagan
palabrerío

119

cuando lloramos
las alegres toxinas
nos abandonan

120

yacente y hurras
los legatarios bailan
después del réquiem

121

cuando no estemos
la gracia de la duda
se habrá perdido

122

nos van dejando
sin árboles sin nubes
sin fe sin ríos

123

hijo sé atento
préstale una toalla
al pez mojado

124

dedicatoria /
a ella sin descuentos
ella desnuda

125

como aventura
sólo queda arrimarnos
al horizonte

126

tiembla el rocío
y las hojas moradas
y un colibrí

127

no más matracas
no más celebraciones
ya vino el llanto

128

cuando era niño
las canciones de cuna
me desvelaban

129

templo vacío
los viejos santos juegan
un solitario

130

me gustaría
ser noble y elegante
como un pingüino

131

pasan las horas
y ya nos queda un poco
menos de vida

132

botella al mar
esa que esperan todos
y está vacía

133

somos tristeza
por eso la alegría
es una hazaña

134

con sueños turbios
se arma y se desarma
la pesadilla

135

al sur al sur
está quieta esperando
montevideo

136

siempre se vuelve
con los viejos amores
o con los nuevos

137

canción protesta
después de los sesenta
canción de próstata

138

viudo de cine
margaret greta ingrid
se me murieron

139

un exiliado
lo será de por vida
y de por muerte

140

suena una flauta
en la noche despierta
y yo en mi nube

141

cuando se empaña
el vidrio arma el paisaje
que a mí me gusta

142

el bosque crea
nidos juncos en fin
vocabulario

143

el preso sueña
algo que siempre tiene
forma de llave

144

en cada infancia
hay una canción tonta
que allí se queda

145

todo arrabal
tiene lujos de pobre
miserias ricas

146

cómo cavilo
siempre que el cirujano
me abre la panza

147

no sé si vengo
tampoco sé si voy
ando al garete

148

el árbol sabe
de quién es cada paso
de quién el hacha

149

sé que el abismo
tiene su seducción
yo ni me acerco

150

si voy remando
siento que el río ríe
a carcajadas

151

con la tristeza
se puede llegar lejos
si uno va solo

152

eran los brazos
de la venus de milo
los que aplaudían

153

le costó pero
por fin halló el camino
del camposanto

154

hay sinvergüenzas
que agravian hieren matan /
tienen estatuas

155

la rabia dulce
no sirve / sólo vale
la rabia amarga

156

nada hay más mágico
que la ruta del semen
por el que somos

157

qué terremoto
cruje el remordimiento
crujen las piedras

158

como es notorio
jesús no era cristiano
pero sufría

159

si me enternezco
dejaré de ser justo
pero qué importa

160

el mar de todos
no es como mi mar
él me conoce

161

desde el espejo
mis ojos no me miran
miran al tiempo

162

el pobre dios
tan solo tan sin nadie
y tan sin vírgenes

163

con la verdad
no se juega / se juega
con la mentira

164

reveló el papa
que no hay cielo ni infierno
vaya noticia

165

van al unísono
la vejez los achaques
la telaraña

166

en foto sepia
estabas vos y el tiempo
se fue contigo

167

de la escritura
sólo el apocalipsis
nos acompaña

168

el purgatorio
tiene sala de espera
y un bar y aseos

169

testigo lóbrego
en el lugar del crimen
quedó la rata

170

en los harapos
suele haber más historia
que en la etiqueta

171

setenta y nueve
años / setenta y nueve
años / y qué

172

la poesía
dice honduras que a veces
la prosa calla

173

cuando reuní
mis insomnios completos
quedé dormido

174

no más rodeos
prefiere que la besen
a quemarropa

175

para embriagarse
no hay nada como un cuerpo
de esta cosecha

176

dice el corrupto
que no que no que sí
y allí se queda

177

aquel vigía
se equivocaba a veces
porque era ciego

178

sólo los náufragos
valoran con justicia
la natación

179

el zángano es
el segundo de vida
de la colmena

180

el viejo sócrates
fue obligado a beber
cicuta cola

181

cuando seducen
las mujeres se vuelven
una guitarra

182

resucitar
es tan difícil como
morir con ganas

183

del cine mudo
lo bueno era el pianista
beso y acordes

184

los bombardeos
remedian para siempre
la sed y el hambre

185

narciso el nene
pidió a los reyes magos
un espejito

186

cada mujer
puede ser dos mujeres
déjenme una

187

si me torturan
no diré nada nunca
dijo el cadáver

188

sé de un ateo
que en las noches rezaba
pero en francés

189

en lontananza
se ven lenguas de fuego /
aquí hay rocío

190

el amor núbil
puede nacer a veces
de un parpadeo

191

qué buen insomnio
si me desvelo sobre
tu cuerpo único

192

vuela la señora /
tras la aduana del beso
vendrá el tuteo

193

en el amor
es virtuoso ser fiel
mas no fanático

194

los parlamentos
tienen cuatro mujeres
por feminismo

195

qué astuto el mar /
si antes hubo sirenas
quedan las colas

196

lo que se aprende
en la cama de dos
no tiene precio

197

en el dos mil
tendremos seis misiles
por cada cuervo

198

qué linda época
aquella en que decíamos
revolución

199

hace unos años
me asustaba el otoño
ya soy invierno

200

no eras nadie
hoy sos el personaje
de tu velorio

201

cuántos semáforos
para encontrar la senda
del viejo crepúsculo

202

me compré un tango
en el kiosco de adioses
del aeropuerto

203

se venció el plazo
la conciencia te aguarda
con tres querellas

204

una mirada
puede tener la fuerza
de un esperpento

205

follar coger
fornicar aparearse
cuántos sinónimos

206

la madrugada
pasa tan lentamente
que me apacigua

207

la calle asciende
por la ventana abierta /
yo la saludo

208

tras el desfile
qué solitaria viene
la muchedumbre

209

bloque / alzheimer /
hiroshima / otan / sida /
no fue un buen siglo

210

¿zurdos o diestros?
no sabe no contesta
pero estornuda

211

¿romperse el alma?
ojo / para las almas
no hay accesorios

212

a este desierto
le hacen falta un oasis
y diez camellos

213

un pesimista
es sólo un optimista
bien informado

214

los pistoleros
no se arrepienten / piden
mejores cómplices

215

tu ciudad sigue
con sol y sin jactancia
siempre esperándote

216

estas tristezas
me las trajo el crepúsculo
y no se fueron

217

nada conforta
como una teta tibia
o mejor dos

218

el que se queda
dormido entre laureles
sueña entre abrojos

219

llego alelado
a este final de siglo
qué encontraremos

220

los que te fían
se vuelven los gestores
de tu calvario

221

tenés tu táctica /
ácido en la respuesta
dulce en el ruego

222

el girasol
no conoce de eclipses
siempre te alumbra

223

el miedo es ágil
el coraje es pesado
como una roca

224

y aquí termino
sin hacer sombra a nadie
ni descuidarme

LA VIDA ESE PARÉNTESIS
(1998)

A Luz, una vez más

Gracias a Alberto, Ambrosio, Claribel, Chus, Roberto, Sealtiel, Willie y por supuesto a Luz, que como siempre me ayudaron con su lectura crítica de estos poemas cuando sólo eran borradores.

Cuando el no ser queda en suspenso
se abre la vida ese paréntesis.

PREGUNTAS AL AZAR (1986)

¿Habrá alguna idea que merezca
no ser pensada de nuevo?

ELIAS CANETTI

Il faut souffler sur quelques lueurs pour faire
de la bonne lumière.

RENÉ CHAR

Con lugar a dudas

Como si nada

Si esta pobre existencia es como un
　　　puente
colgante entre dos áridos mutismos
vale decir entre dos muertes
a todas luces (o
mejor a todas sombras)
lo inapelable lo definitivo
lo importante vendría a ser la muerte

¿o no?
somos cardúmenes de vivos
que navegamos ciegos / consolables
de muerte a muerte y sin escalas

de esta tregua brevísima querría
llevarme algunas cosas
verbigracia el latido del amor
el libro que releo en los insomnios
la mirada sin niebla de los justos
y otra vez el latido del amor

esto de no ser más / de terminarse
tiene algo de aventura o de presidio
del ocaso al acaso media un palmo
de la nada a la nada va una vida

allá lejos / la simple ceremonia
de esa boca de niño junto a un pecho
de madre manantial

es un envite inútil a la nada
un simulacro espléndido / un adiós

pero la nada espera / no se olvida
de todas sus promesas serviciales
sus lágrimas de paz y protocolo
sus grietas en la tierra y en el cielo

¿cómo no ser curioso?
¿cómo no hacer apuestas a favor
o en contra hasta que alguien
pronuncie el no va más?

estoy henchido de curiosidad
callado como un pino en el crepúsculo
cuando el sol / ese impar / muere de
     a poco
y también él esconde sus vergüenzas

curioso y en silencio / yo me espío
a ver si la esperanza cicatriza
o si las servidumbres se desmandan
o si el secreto a voces me concierne

estoy flotante de curiosidad
ávido de saber o de sufrirme
flotante entre mis miedos
esclavo de mis auras
señor de mis cenizas

alguna vez la nada será mía
y yo / curioso
la venderé al mejor postor
y si él / a su vez / desencantado

la subasta en la plaza /
podré esfumarme al fin
como si nada

Pequeñas muertes

Los sueños son pequeñas muertes
tramoyas anticipos simulacros de
    muerte
el despertar en cambio nos parece
una resurrección y por las dudas
olvidamos cuanto antes lo soñado

a pesar de sus fuegos sus cavernas
sus orgasmos sus glorias sus espantos
los sueños son pequeñas muertes
por eso cuando llega el despertar
y de inmediato el sueño se hace olvido
tal vez quiera decir que lo que
    ansiamos
es olvidar la muerte
apenas eso

Resistencias

Hay quienes se resisten
    deshilachadamente
a morir sin haberse concedido
un año un mes una hora de goce
y esperan ese don cultivando el
    silencio
vaciándose de culpas y de pánicos
descansando en el lecho del cansancio
o evocando la infancia más antigua

así / con la memoria en rebanadas
con ojos que investigan lo invisible
y el desaliento tímido y portátil
que se cubre y descubre a duras penas
así miden el cuerpo torpe cándido
ese montón de riesgos y de huesos
áspero de deseos como llagas
que no elige agotarse mas se agota

merodean tal vez por la nostalgia
ese usual laberinto de abandonos
buscan testigos y no los encuentran
salvo en las caravanas de fantasmas

piden abrazos pero nadie cae
en la emboscada de los sentimientos

carne de espera / alma de esperanza
los desnudos se visten y no vuelven

el amor hace un alto en el camino
sorprendido in fraganti / condenado

y no obstante siempre hay quien se
　　resiste
a irse sin gozar / sin apogeos
sin brevísimas cúspides de gloria
sin periquetes de felicidad

como si alguien en el más allá
o quizá en el más acá suplente
fuera a pedirle cuentas de por qué
no fue dichoso como puede serlo
un bienaventurado del montón

Como si fuéramos inmortales

Todos sabemos que nada ni nadie habrá de
ahorrarnos el final
sin embargo hay que vivir como si fuéramos
inmortales
sabemos que los caballos y los perros tienen
las patas sobre la tierra
pero no es descartable que en una noche-
buena se lancen a volar

sabemos que en una esquina no rosada
aguarda el ultimátum de la envidia
pero en definitiva será el tiempo el que diga
dónde es dónde y quién es quién

sabemos que tras cada victoria el enemigo
regresa buscando más triunfos
y que volveremos a ser inexorablemente
derrotados vale decir que venceremos

sabemos que el odio viene lleno de impos-
turas
pero que las va a perder antes del diluvio o
después del carnaval
sabemos que el hambre está desnuda desde
hace siglos
pero también que los saciados responderán
por los hambrientos

sabemos que la melancolía es un resplandor
y sólo eso

pero a los melancólicos nadie les quita lo
    bailado
sabemos que los bondadosos instalan
    cerrojos de seguridad
pero la bondad suele escaparse por los
    tejados
sabemos que los decididores deciden como
    locos o miserables
y que mañana o pasado alguien decidirá que
    no decidan

sintetizando / todos sabemos que nada ni
    nadie habrá de ahorrarnos el final
pero así y todo hay que vivir como si fuéramos
    inmortales

Monólogo de un quídam

Hoy estuve velando mis escombros
los del pasado y los contemporáneos
así aprendí que ciertas felonías
suenan a hueco en su epopeya fácil
y han perdido sus tristes atributos

hay una franja de rencor / lo admito
pero es un rencor inexpresivo
no olvido que antes era un manantial
y yo gozaba de aquel odio joven
que circulaba alegre por mis venas

hay ecos de belleza hoy cancelados
mordientes de lujuria y desconsuelo
pensar que no hace mucho eran
        fulgores
labios que socorrían a mis labios
pechos que se encontraban con mis
        manos

hoy estuve velando mis escombros
los pasados y los contemporáneos
y por las dudas fui dejando tiempo
para los azarosos / desafiantes
previsibles escombros del futuro

entre algunos pedruscos del recelo
flores y carantoñas del horror
hay un breve derribo fronterizo

donde los caracoles hacen guardia
ladrillos y adoquines toman sol

hay ropa sucia / fechas limpias
bancarrotas de amor / lascas de
    espanto
sentimientos añosos / sentimientos
que simulan ser jóvenes y frágiles
hay ropas limpias / fechas sucias

hoy estuve velando mis escombros
los del pasado y los contemporáneos
lo que quedó de mis demoliciones /
como hoja de servicios no me sirven
y como ruinas me desilusionan
son tan sólo una parte de mí mismo
que ha emigrado de mí como un
    pellejo

Futuro cada vez más jíbaro

A medida que la distancia
entre el presente y el final se acorta
y el futuro se aclara y se enaniza
y se está un poco harto
de husmear en los residuos del pasado
uno valora y hasta mitifica
la fusión con el cuerpo del amor
y una que otra mirada que atravesó la
      niebla

aquellos que se aman o se amaron
saben que allí estaba la clave
la negación del acabóse
y por supuesto la vacuna
contra el maldito desamparo

en el futuro cada vez más jíbaro
no figuran feriados ni esperanzas
menos aún llegan explicaciones
de por qué cómo dónde cuándo

el borde lejos ya está cerca
el borde cerca es un despeñadero
hay que aprender a sentir vértigo
como si fuese sed o hambre

¿Cómo se escribirá
un poema existencial?

Vamos a ver
¿cómo se escribirá un poema
    existencial?
¿preguntando a la ceniza por el fuego?
¿al desmadrado por la madre?
¿a la migaja por el pan nuestro?
¿al muñón por el meñique?
¿al alma por su almario?
¿al piojo por el universo?
¿a la saliva por el beso?
¿a la cigüeña por el campanario?
¿al pez espada por su vaina?
¿al sordomudo por la cadencia?
¿a la seda por el gusano?
¿a la bienamada por su desamor?
¿al arbolito por sus pájaros?
¿al universo por el piojo?
¿al corazón por la puñalada?
¿al ruiseñor por la ruiseñora?
¿a la lágrima por su lagrimal?
¿a mí mismo por mi salvavidas?

supongo que a esta altura ya habréis
adivinado que he resuelto postergar mi
poema existencial para el siglo veintiu-
no o veintidós

Recién nacido

Ignorante del mundo y de sí mismo
deja el recién nacido su caverna
lejos y cerca de la piel materna
inaugura el candor de su egoísmo

mira en su entorno y es un espejismo /
la apenas asumida vida externa
no es todavía despiadada o tierna
pero ya muestra señas del abismo

aprenderá sin duda ese paisaje
que poco a poco en niebla se convierte
y empezará a enterarse del mensaje

donde estará la clave de su suerte /
ya ha reservado sitio para el viaje
sutil e inexorable hacia la muerte

El alma no es el cuerpo

Nos enseñaron desde niños
cómo se forma un cuerpo
sus órganos sus huesos
sus funciones sus sitios
pero nunca supimos
de qué estaba hecha el alma
¿será de sentimientos /
de ensueños / de esperanza?
¿de emociones / de tirrias /
de estupores?

lo cierto es que / ignorada /
el alma arde en su fuego
tiene espasmos oscuros
punzadas de ternura
suburbios de delirio

¿será tal vez una inquilina
del corazón? ¿o viceversa?
entre ellos no hay frontera

¿o será la asesora
principal de la mente?
¿o viceversa?
entre ellas no hay disputa

¿o será capataza
de la pobre conciencia?
¿o viceversa?
entre ellas no hay acuerdo

el alma tiene hambres
y cuando está famélica
puede herir
puede armarse
de enconos o de furias

no hay que pensar que el alma
es un tul de inocencia
ajeno a los agravios
que sufren cuerpo y alma

en el alma se forman
abscesos de rencores
tumores de impaciencia
hernias de desamparo

el problema es que no hay
cirujanos de alma
ni siquiera herbolarios

el alma es un secreto / una noción
una nube que suele anunciar llanto
pero después de tantas búsquedas
de pesquisas inútiles
y de adivinaciones
nos queda apenas una certidumbre /
que el alma no es el cuerpo
pero muere con él

Garantes

Los pedacitos de felicidad
son como fiebres migratorias
llegan con la estación en alza
se van con el segundo frío

los pedacitos de congoja en cambio
derraman pétalos o miedos
pero también espinas despaciosas
que no se van / se quedan

desdicha y gloria retenidas
a puro ánimo en su borde
permanecen ahí como garantes
de la conciencia y de la muerte

Peros

Las circunstancias / tiempo en carne
    viva /
ponen a nuestro alcance pena y goces
pero
más de una vez nos llevan a remolque

amor es más que un juego o un diluvio
es el cuerpo y el alma a la intemperie
pero
si se va la lujuria ya no vuelve

el trabajo es un bálsamo / un compás /
gracias a él lidiamos con las horas
pero
hay un ocio final que no perdona

la vida puede ser un vendaval
que sacude mis sueños y tus duendes
pero
la vida tiene obligación de muerte

Bostezo

¿No te aburre asistir a esta sequía
de los sentimientos? ¿a esta
chafalonía de los vencedores?
¿al promesario de los púlpitos?
¿al fuego fatuo de los taumaturgos?
¿al odio de los viscerales?
¿no te empalagan los alabanceros?
¿la caridad de los roñosos?
¿el sesgo irónico de las encuestas?
¿los mentirosos constitucionales?
¿no te amola el zumbido de los frívolos?
¿las guasas del zodíaco?
¿el vaivén de la bolsa?
¿no te viene el deseo irreprimible
de abrir la boca en un bostezo
      espléndido?

pues entonces bosteza / hijo mío /
      bosteza
con la serenidad de los filósofos
y la cachaza de los hipopótamos

Celosías

Celosías para mirar
¿para mirar a quién?
al menos la conciencia
no es espiable
expiable puede ser
tiene pájaros propios
y alba propia
deseos vulnerados
cerrazones de culpa
árboles temblorosos
pedacitos de suerte
olor a nada
pero todo en un cofre
lleno de mundo
mundo de solo / claro /
abismo
enigma

celosías para mirar / y otras
para no ser mirado

A tientas

Se retrocede con seguridad
pero se avanza a tientas
uno adelanta manos como un ciego
ciego imprudente por añadidura
pero lo absurdo es que no es ciego
y distingue el relámpago la lluvia
los rostros insepultos la ceniza
la sonrisa del necio las afrentas
un barrunto de pena en el espejo
la baranda oxidada con sus pájaros
la opaca incertidumbre de los otros
enfrentada a la propia incertidumbre

se avanza a tientas / lentamente
por lo común a contramano
de los convictos y confesos
en búsqueda tal vez
de amores residuales
que sirvan de consuelo y recompensa
o iluminen un pozo de nostalgias

se avanza a tientas / vacilante
no importan la distancia ni el horario
ni que el futuro sea una vislumbre
o una pasión deshabitada
a tientas hasta que una noche
se queda uno sin cómplices ni tacto
y a ciegas otra vez y para siempre
se introduce en un túnel o destino
que no se sabe dónde acaba

Endecha por el tedio

Tedio / sopor / querido aburrimiento
desprovisto de excusas o razones
qué prodigiosa tu monotonía
qué confortable tu cansancio gris
qué subalterna tu condescendencia

ahora que el estruendo / el alboroto
el fragor de las voces / la metralla
la barahúnda de los vengadores
los aullidos del caos renovado
llenan la calle de un retumbo inútil

cómo añoramos tu chatura fértil
tu paz liviana / tu insignificancia
tu desarrollo del bostezo insomne
cómo querríamos que regresaras
tedio / sopor / querido aburrimiento

Eso no

Quiero que el mar dirima sus querellas
quiero que el cielo llueva como antes
quiero en el aire pájaros errantes
y que en la noche brillen mis estrellas

de todas tus edades quiero aquellas
que dejaban vivir sin atenuantes
no quiero / humanidad / que te
     quebrantes
ni que de tu malogro queden huellas

desapareceremos de uno en uno
en aras del injusto justiciero
y en el instante clave / el oportuno /

quizá perdamos ésta u otras lides /
pero tú eres mi cábala y no quiero /
humanidad plural / que te suicides

Más acá del horizonte

Más acá está la siembra / están los
    sueños
una infinita colección de rostros
la liturgia del mar y sus arenas
están los fuegos y está la ceniza
las inauguraciones y los ritos
las redes de la vida y la sencilla
la incorruptible muerte / la de todos

el horizonte / borde espurio y flaco
frontera del futuro / nada en cierne
es un enigma manso / tan hipócrita
que no asume su rango en el espacio
el horizonte es filo inofensivo
y sin embargo hiere desde lejos

las gaviotas lo asumen lo acompañan
y la noche lo cubre como puede
pero su línea nos persigue inmóvil
en la vigilia y en la duermevela

más acá está tu vientre tu espesura
la corteza del árbol que olvidaste
el espasmo imprevisto de los celos

las rondas de tu sangre / tus indultos
tus muertos y los míos / la campana
que se queja doliente en su clausura /
tu estilo de vivir o de apagarte

más acá estoy yo mismo / fanal tenue
que no ilumina ni desvela a nadie
escaso de propuestas y de súplicas
con mi cuerpo vulgar siempre a la
    espera
de tu cuerpo leal / ese desnudo

más acá estoy yo mismo / confundido
como un crédulo espejo sobre el agua
y no reflejo olas sino antorchas
que inventé como un juego y ya no
    invento

el horizonte mientras tanto vive
de su salitre y sus amaneceres
la ojeada del alba lo despierta
lo introduce flamante en el mercado
de luces de tinieblas y de sombras

el horizonte cesa cuando llueve
velado tras un llanto que no es suyo
o simplemente cuando tu mirada
deja de vislumbrarlo enceguecida

el tiempo en cambio no se esconde /
    ocurre /
nos deja turbios y turbados / pobres /

desengañados de éstas y otras ferias
de otros huecos de dios y otras visiones

la verdad es que todo lo que amamos
todo lo que nos duele y lo que somos
existe más acá del horizonte

Amor vendimia

Sobre cartas de amor

Una carta de amor
no es un naipe de amor

una carta de amor tampoco es una carta
pastoral o de crédito / de pago o
 fletamento

en cambio se asemeja a una carta de
 amparo
ya que si la alegría o la tristeza
se animan a escribir una carta de amor
es porque en las entrañas de la noche
se abren la euforia o la congoja
las cenizas se olvidan de su hoguera
o la culpa se asila en su pasado

una carta de amor
es por lo general un pobre afluente
de un río caudaloso
y nunca está a la altura del paisaje
ni de los ojos que miraron verdes
ni de los labios dulces
que besaron temblando o no besaron
ni del cielo que a veces se desploma
en trombas en escarnio o en granizo

una carta de amor puede enviarse
desde un altozano o desde una
 mazmorra
desde la exaltación o desde el duelo

pero no hay caso / siempre
será tan sólo un calco
una copia frugal del sentimiento

una carta de amor no es el amor
sino un informe de la ausencia

Muchacha

Cuando pasa el vaivén de tu cintura
la calle queda absorta / deslumbrada
si desnuda te sueña la mirada
sos carne de cañón o de censura

las vidrieras reflejan tu figura
y el maniquí te envidia la fachada
tu presencia es un riesgo / todo o nada
tu encanto es integral / base y altura

el requiebro vulgar no te arrebola
parecés satisfecha con tu suerte
no te inquietan azares ni aureola

quizá porque estás lejos de la muerte /
ya que la sombra te ha dejado sola
aprovechá la luz para esconderte

Enamorarse y no

Cuando uno se enamora las cuadrillas
del tiempo hacen escala en el olvido
la desdicha se llena de milagros
el miedo se convierte en osadía
y la muerte no sale de su cueva

enamorarse es un presagio gratis
una ventana abierta al árbol nuevo
una proeza de los sentimientos
una bonanza casi insoportable
y un ejercicio contra el infortunio

por el contrario desenamorarse
es ver el cuerpo como es y no
como la otra mirada lo inventaba
es regresar más pobre al viejo enigma
y dar con la tristeza en el espejo

Mujer rehén

La mujer de aquel sueño era un rehén
al menos era suya mientras él
no la vendiera al despertar
y no iba a venderla nunca nunca

la mujer de aquel sueño era de sueño
y sus soñados pechos eran
insoportables de tan bellos
su pubis de deseo era soñado
y soñados los labios en custodia
de la lengua dulcísima y soñada

la mujer de aquel sueño era un rehén
al menos era suya mientras él
no la vendiera al despertar
y no iba a venderla nunca nunca

pero de pronto el nunca se acabó
y cuando abrió los ojos ya no estaba

Nostalgia

¿De qué se nutre la nostalgia?
Uno evoca dulzuras
cielos atormentados
tormentas celestiales
escándalos sin ruido
paciencias estiradas
árboles en el viento
oprobios prescindibles
bellezas del mercado
cánticos y alborotos
lloviznas como pena
escopetas de sueño
perdones bien ganados

pero con esos mínimos
no se arma la nostalgia
son meros simulacros

la válida la única
nostalgia es de tu piel

Como un milagro

La linda parejita que transcurre
por el viejo teclado de baldosas
sabe y no sabe de su amor a término
o de las marcas que impondrán los días

la linda parejita en su burbuja
no quiere saber nada de cenizas
ni de cuevas ajenas ni de fobias
sólo pide quererse a encontronazos

asume su pasión como una ergástula
nada de libertad condicionada
con sus dos soledades basta y sobra
con sus dos cuerpos y sus cuatro
    manos

tiene razón la linda parejita
no es fácil instalarse en la excepción
el plazo del amor es un instante
y hay que hacerlo durar como un
    milagro

Pocas cosas

En este mundo hay tan poquitas cosas
capaces de endulzarle a uno la vida /
digamos la esperanza amanecida
o la lluvia que brilla en las baldosas

me gusta la constancia de las rosas
que nunca dan su espina por perdida
y también la tristeza repetida
de las palmas tan solas y orgullosas

pero no hay nada tan profundo y leve
como el alma y el vértigo y los labios
de esa mujer que al verla nos
     conmueve

para ser alguien entre cielo y suelo
y salvarse del odio y sus resabios
nada como el amor y su consuelo

Piernas

Las piernas de la amada son fraternas
cuando se abren buscando el infinito
y apelan al futuro como un rito
que las hace más dulces y más tiernas

pero también las piernas son cavernas
donde el eco se funde con el grito
y cumplen con el viejo requisito
de buscar el amparo de otras piernas

si se separan como bienvenida
las piernas de la amada hacen historia /
mantienen sus ofrendas y enseguida

enlazan algún cuerpo en su memoria /
cuando trazan los signos de la vida
las piernas de la amada son la gloria

Mass media

De los medios de comunicación
en este mundo tan codificado
con internet y otras navegaciones
yo sigo prefiriendo
el viejo beso artesanal
que desde siempre comunica tanto

Romeo de hogaño

No me sirven estos ojos para mirarte
son demasiado tímidos y miopes
habrá que adiestrarlos para que te lean
cuando sonríes desde tu neblina
o dices adiós como quien dice quédate

no me sirven estos ojos porque
          parpadean
y a ti hay que mirarte sin tregua ni
          respiro
ya que de lo contrario eliges diluirte
en suspiros presagios y distracciones
y entonces nadie sabe a dónde te
          escabulles

no me sirven estos ojos porque a
          veces
a pesar de mi oficio de nictálope
no puedo adivinarte en tu balcón
cuando asumes la pena y el fracaso
de esta boca que no llega a tu boca

no me sirven estos ojos ni esta linterna
ni aun este sencillo proyecto de lujuria
a lo mejor no estás / a lo peor no
          existes
julieta favorita de mis huesos antiguos
quimera de mi afán y mi acabóse

No sé quién es

Es probable que venga de muy lejos
no sé quién es ni a dónde se dirige
es sólo una mujer que se muere de
    amor
se le nota en sus pétalos de luna
en su paciencia de algodón / en sus
labios sin besos u otras cicatrices /
en los ojos de oliva y penitencia

esta mujer que se muere de amor
y llora protegida por la lluvia
sabe que no es amada ni en los sueños /
lleva en las manos sus caricias vírgenes
que no encontraron piel donde posarse /
y / como huye del tiempo / su lujuria
se derrama en un cuenco de cenizas

Sonata para adiós y flauta

Te vas tan sola como siempre
te echaremos de menos
yo y los abrazos de la tarde
yo y mi alma y mi cuerpo

tu larga sombra se resiste
a abandonarnos / pero
has decidido que se fuera
contigo a todo riesgo

de todos modos no querría
que enterraras tu sueño
aquel en que tu amor de nadie
era como un estreno

te vas de nuevo no sé a dónde
y tu adiós es un eco
que se prolonga y nos alude
como un último gesto

nunca guardaste la ternura
como pan para luego
estoy seguro de encontrarla
liviana entre tus pechos

te vas como paso de derrota
pero no me lo creo
siempre has vencido en tu querella
contra el odio y el miedo

quién sabe allá lo que te aguarda
ese allá tan desierto
que se quedó sin golondrinas
todo erial / todo invierno

mas si una tarde te extraviaras
entre el mar y el espejo
recuerda siempre que aquí estamos
yo y mi alma y mi cuerpo

El faro y otras sombras

La mendiga

La mendiga bajaba siempre a la misma hora y se situaba en el mismo tramo de la escalinata, con la misma enigmática expresión de filósofo del siglo diecinueve. Como era habitual, colocaba frente a ella su platillo de porcelana de Sèvres pero no pedía nada a los viandantes. Tampoco tocaba quena ni violín, o sea que no desafinaba brutalmente como los otros mendigos de la zona.

A veces abría su bolsón de lona remendada y extraía algún libro de Hölderlin o de Kierkegaard o de Hegel y se concentraba en su lectura sin gafas.

Curiosamente, los que pasaban le iban dejando monedas o billetes y hasta algún cheque al portador, no se sabe si en reconocimiento a su afinado silencio o sencillamente comprendían que la pobre se había equivocado de época.

Historia de fantasmas

Los dos fantasmas, uno azul y otro blanco, se encontraron frente a la caverna consabida. Se saludaron en silencio y avanzaron un buen trecho, sin pisarse las sábanas, cada uno sumido en sus cavilaciones. Era una noche neblinosa, no se distinguían árboles ni muros, pero allá arriba, muy arriba, allá estaba la luna.

—Es curioso —dijo de pronto el fantasma blanco—, es curioso cómo el cuerpo ya no se acuerda de uno. Por suerte, porque cuando se acordaba era para que sufriéramos.

—¿Sufriste mucho? —preguntó el fantasma azul.

—Bastante. Hasta que lo perdí de vista, mi cuerpo tenía quemaduras de cigarrillos en la espalda, le faltaban tres dientes que le habían sido arrancados sin anestesia, no se había olvidado de cuando le metían la cabeza en una pileta de orines y mierda, y sobre todo se miraba de vez en cuando sus testículos achicharrados.

—Oh —fue la única sílaba que pronunció o pensó o suspiró el fantasma azul.

—¿Y vos? —preguntó a su vez el otro—. ¿También tu cuerpo te transmitía sufrimientos?

—No tanto mi cuerpo, sino los de otros.

—¿De otros? ¿Acaso eras médico?

—No precisamente. Yo era el verdugo.

El fantasma blanco recordó que allá arriba, muy arriba, allá estaba la luna. La miró sólo porque tenía necesidad de encandilarse. Pero la luna no es el sol.

Con una punta de su sábana impoluta se limpió una brizna de odio. Luego se alejó, flotando, blanquísimo en la niebla protectora, en busca de algún dios o de la nada.

Heterónimos

Antonio Machado, Fernando Pessoa, Juan Gelman crearon de un plumazo sus heterónimos, unos señores que tuvieron la virtud de complementarlos, ampliarlos, hacer que de algún modo fueran más ellos mismos. También yo (vanitas vanitatum) quise tener el mío, pero la única vez que lo intenté resultó que mi joven heterónimo empezó a escribir desembozadamente sobre mis cataratas, mis espasmos asmáticos, mi herpes zoster, mi lumbago, mi hernia diafragmática y otras fallas de fábrica. Por si todo eso fuera poco se metía en mis insomnios para mortificar a mi pobre, valetudinaria conciencia. Fue precisamente ésta la que me pidió: por favor, colega, quítame de encima a este estorbo, ya bastante tenemos con la crítica.

Sin embargo, como los trámites para librarse de un heterónimo son más bien engorrosos, opté por una solución intermedia, que fue nombrarlo mi representante plenipotenciario en la isla de Pascua. Por cierto que desde allí acaba de enviarme un largo poema sobre la hipotética vida sexual de los moairs. Reconozco que no está nada mal. Se nota mi influencia.

El faro

A aquel faro le gustaba su tarea, no sólo porque le permitía ayudar, merced a su sencillo e imprescindible foco, a veleros, yates y remolcadores hasta que se perdían en algún recodo del horizonte, sino también porque le dejaba entrever, con astuta intermitencia, a ciertas parejitas que hacían y deshacían el amor en el discreto refugio de algún auto estacionado más allá de las rocas.

Aquel faro era incurablemente optimista y no estaba dispuesto a cambiar por ningún otro su alegre oficio de iluminador. Se imaginaba que la noche no podía ser noche sin su luz, creía que ésta era la única estrella a flor de tierra pero sobre todo a flor de agua, y hasta se hacía la ilusión de que su clásica intermitencia era el equivalente de una risa saludable y candorosa.

Así hasta que en una ocasión aciaga se quedó sin luz. Vaya a saber por qué sinrazón mecánica el mecanismo autónomo falló y la noche puso toda su oscuridad a disposición del encrespado mar. Para peor de males se desató una tormenta con relámpagos, truenos y toda la compañía. El faro no pudo conciliar el sueño. La espesa oscuridad siempre le provocaba insomnio, además de náuseas.

Sólo cuando al alba el otro faro, también llamado sol, fue encendiendo de a poco la ribera y el oleaje, el faro del cuento tuvo noción de la tragedia. Ahí nomás, a pocas millas de su torre grisácea, se veía un velero semihundido. Por supuesto pensó en la gente, en los posibles náufragos, pero sobre todo pensó en el velero, ya que siempre se había sentido más ligado a los barcos que a los barqueros. Sintió que su recio corazón se estremecía y ya no pudo más. Cerró su ojo de modesto cíclope y lloró dos o tres lágrimas de piedra.

Papel mojado

Papel mojado

Con ríos
con sangre
con lluvia
o rocío
con semen
con vino
con nieve
con llanto
los poemas
suelen
ser
papel mojado

Globalizaciones

La globalización
de la abusiva economía /
también la corrupción globalizada /
de un quinquenio a esta parte
va en globo
¿globo terráqueo? ¿no cautivo?

la globalización de la basura
nuclear y de la otra
y la cultura light globalizada
mass media y de la otra
son meros subproductos del gran globo

por eso recurrimos
en el clearing / el software / o en los
        surveys
al áspero lunfardo del imperio

es cierto que esa globalización
de nuestro pobre miserable globo
tiende a globalizar el desaliento

sólo si alguien algún día
pincha el globo / aleluya /
tal vez por fin se globalicen
los fueros de la gente
digamos vos y yo
y otros millones de inocentes
flamantes antropoides

Caracola

Aquella caracola me puso en el oído
todo el escándalo del mar
y no era hostil ni tierno ni sublime
tan sólo era el escándalo del mar

la caracola nunca me exigió
que yo le respondiera
y yo turbado no le respondía
quizá por eso enmudeció

sólo mucho más tarde cuando supe
o imaginé o deduje
que aquel silencio nómade
era una travesía
la caracola escrupulosa
volvió a ponerme en el oído
todo el escándalo del mar

pero el mar era otro
yo era otro

Soliloquio del desaparecido

Sin esperanza y sin alarmas
no sé si voy o permanezco
en esta niebla que me aísla
sin odio ni misericordia

todo lo ignoro del crepúsculo
esa guirnalda de imposibles
vengo de ahogos y estropajos
antes estaba / ya no estoy

sé que he dejado de escaparme
ya no respondo a nadie / a nada
he dicho no como un tañido
como un fragor como un repique

ahora estoy solo y sin hambre
me siento ingrávido y sin sed
no tengo huesos ni bisagras
no tengo ganas ni desgana

podría ser un esperpento
un trozo de alma / un alma entera
los muebles viejos y las calles
el bosque y todos los espejos
en un instante se esfumaron
o se inhumaron / ya no cuentan

sólo la luna se mantiene
casi al alcance de la mano

pero también perdí las manos
y las mandíbulas y el sexo

los rostros son apariciones
pasan y no hablan / hay algunos
que lloran con los labios secos
otros añoran a ojos vistas

tengo una duda medianera
entre lo real y lo soñado
he sido sueño tantas veces
que no me ubico en este insomnio

tuve una madre / de sus pechos
extraje vida o lo que fuese
¿cuál era el nombre? sólo sé
que anda con un pañuelo blanco

amé un amor / pero ella estuvo
porfiada / loca / tan hermosa
diciendo no como un rebato
como un temblor / como una queja

¿será esta niebla el infinito?
el infinito ¿será dios?
¿será que dios no se perdona
habernos hecho tan inermes?

no floto a ciegas / el espacio
tiene amarguras serviciales
pero no voy a padecerme /
el dolor viejo ya no es mío

cierto poeta / no sé quién
sopló en mi oído para siempre
dijo / ya va a venir el día

y dijo / ponte el cuerpo / creo
que existe un solo inconveniente
no tengo cuerpo que ponerme
no tengo madre ni mujer
no tengo pájaros ni perro

es la vacía soledad
solo sin llave y sin barrotes
solo expulsado de la vida
solo sin vísperas de abrazos

podría ser un esperpento
un trozo de alma / un alma entera
pero se va neutra la niebla
y se suspende la alborada

hay manos tiernas en que estuve
hay llantos en la lejanía
voces que alzan siete signos
que fueron letras de mi nombre

no sé qué hice / si es que hice

en la memoria falta un río
faltan afluentes / hay apenas
un arroyito que es de sangre

todo se borra / por lo pronto
me desvanezco / vuelvo al limbo

así / sin más / desaparecen
algunos desaparecidos

Palabras menores

La palabra se engaña en el papel
como el oasis en los espejismos
y en vez de los relámpagos del libre
nos encomienda una canción cautiva

puede ser asimismo un artificio
talismán aportado por las lenguas
o el alerta con un hilo de voz
como punto de fuga o de clausura

la palabra interrumpe / no vegeta
convierte la memoria en un tatuaje
sobrevuela el espacio como un buitre
y se mete en plegarias y blasfemias

como cierre virtual de los silencios
lazarillo de la naturaleza
salvoconducto del malentendido
es un cruce de síes y de noes

si se astilla o se quiebra la palabra
nadie es capaz de reparar sus sílabas /
con la palabra nos quedamos mudos
porque todo nos queda por decir

Piojos

Concebir o tratar de imaginar
la cruda inmensidad del universo
es para enloquecerse lentamente

¿qué es después de todo este mundito
en la inconmensurable vastedad?
un piojo / apenas eso /
y marte / ese arrugado territorio
cuya espantosa soledad ya vimos
es otro piojo / un piojo muerto / claro /

al menos nuestro mísero planeta
es sólo un piojo / pero un piojo vivo

Esta paz

Esta paz / simulacro de banderas /
unida con hilvanes a la historia
tiene algo de perdón / poco de gloria /
y ya no espera nada en sus esperas

es una paz con guerras volanderas /
y como toda paz obligatoria
no encuentra su razón en la memoria
ni tiene la salud de las quimeras

esta paz sin orgullo ni linaje
se vende al invasor / el consabido
me refiero a esta paz / esta basura /

mejor será buscarle otro paisaje
o amenazarla en su precoz olvido
con una puñalada de ternura

Lenguas muertas

Las trajinadas lenguas muertas
no son tan sólo griego antiguo
latín y sánscrito y sumerio

son asimismo lenguas muertas
o casi muertas / pero nuevas /
el fingimiento el ditirambo
la demagogia el subterfugio
el fanatismo los agüeros

las viejas lenguas eran vivas
cuando vibraban en la gente
y eran el habla del esclavo
del campesino y del apóstol
del artesano y de la puta

las viejas lenguas se murieron
de aburrimiento y de pudor
al recalar en falsos mitos
y amontonarse en los sermones

y sin embargo si les damos
otra vigencia / otro destino
otro sabor / las lenguas muertas
pueden cambiar de signo y pueden
resucitar al tercer día

Naturalmente

Naturaleza triste / plañidera
más honesta y metódica que nunca
horma del universo / madre arisca
te encogés / derramás / temblás de luto

las ciudades se esconden / con la misma
ceguera vegetal que te dedica
noche a noche el remoto firmamento
así hirieron tus junglas tu follaje

naturaleza original / sin copias
sos una sola entre blasfemia y cruz
sos el peñasco / el cierzo / los abismos
la planicie de sol / el mar de veras

te usaron sin amor / te mancillaron
desordenaron tu prolijidad
encasillaron tu desorden mágico
hostigaron con saña tu candor

y si ahora acudís con tus desastres
tus olas sísmicas tus terremotos
cráteres huracanes y sequías
no te sientas culpable / no enmudezcas

si el homo faber olvidó cuanto hizo
para quebrarte / para aniquilarte /
hoy ya podés subírtele a las barbas
tenés todo el derecho a tu odio
        ecuánime

El silencio

Qué espléndida laguna es el silencio
allá en la orilla una campana espera
pero nadie se anima a hundir un remo
en el espejo de las aguas quietas

Extinciones

No sólo las ballenas
los delfines los osos
los elefantes los mandriles
la foca fraile el bontebok
los bosques la amazonia
corren peligro de extinguirse

también enfrentan ese riesgo
las promesas / los himnos
la palabra de honor / la carta magna
los jubilados / los sin techo
los juramentos mano en biblia
la ética primaria / la autocrítica
los escrúpulos simples
el rechazo al soborno
la cándida vergüenza de haber sido
y el tímido dolor de ya no ser

habría por lo tanto que tapar
con buena voluntad y con premura
el agujero cada vez más grande
en la capa de ozono / y además
el infame boquete en la conciencia
de los decididores / así sea

Madre hipocresía

La madre hipocresía desembarcó en el patio
vino con sus hijitos y su proyecto rosa
vibraba como arpa / narraba como quena
gemía como viento / cantaba como grillo

la madre hipocresía cambiaba los pregones
nos hacía confiar en las marcas del cielo
decía el cautivante discurso del nordeste
con la humilde y sabrosa entonación del sur

sin embargo una noche la madre hipocresía
llegó desprevenida y la esperamos todos
como sobrevivientes recién desenjaulados
con la oscura mochila vacía de tabúes

le miramos sin lástima los ojos de tiniebla
la piel y los tobillos / los labios y la historia
y se fue disolviendo / disolviendo / y quedó
tan sólo un montoncito de roña y de cenizas

Luna de los pobres

La luna de los pobres
le brinda un toquecito
azul a los ladrillos

y con su lengua blanca
se introduce en el beso
como en un laberinto

la luna de los pobres
como no tiene frío
está siempre desnuda

y es grato contemplarla
con el frágil deseo
de las noches de luna

la luna de los pobres
cubre como una sábana
el cuerpo del que sueña

y su rueda convive
con los falsos enigmas
que llevamos a cuestas

la luna de los ricos
en cambio / saca brillo
al oro monigote

pero en las noches buenas
presume y se disfraza
de luna de los pobres

Che 1997

Lo han cubierto de afiches / de
    pancartas
de voces en los muros
de agravios retroactivos
de honores a destiempo

lo han transformado en pieza de
    consumo
en memoria trivial
en ayer sin retorno
en rabia embalsamada

han decidido usarlo como epílogo
como última thule de la inocencia vana
como añejo arquetipo de santo o
    satanás

y quizá han resuelto que la única
    forma
de desprenderse de él
o dejarlo al garete
es vaciarlo de lumbre
convertido en un héroe
de mármol o de yeso
y por lo tanto inmóvil
o mejor como mito
o silueta o fantasma
del pasado pisado

sin embargo los ojos incerrables del che
miran como si no pudieran no mirar

asombrados tal vez de que el mundo
    no entienda
que treinta años después sigue
    bregando
dulce y tenaz por la dicha del hombre

Ah soledades

Las soledades / jaulas de uno mismo
lista infinita de deseos pródigos
ruleta con apuestas al tuntún
libre administración de los azares
son / pese a todo / claves de una
    historia

las soledades saben de paciencia
de sentimientos estrujados / tímidos
de abstinencia de odios y rencores
de arrebatos sin causa ni secuelas
de protección de la ternura mártir

las soledades son hebras de muerte
pero sirven también para la vida
de miserias sobrantes se alimentan
o de ayunos lujosos que no importan
en realidad son sueños residuales

las soledades niegan la rutina
se incorporan al hueco del insomnio
son tan opacas o tan transparentes
como lo acepte el filtro de la noche
o lo permita el celador del alma

las soledades son deudas a término
incertidumbre de un destierro fértil
excusas del amor la sangre el sexo
ya que ejercen el raro monopolio
de inventar rostros cópulas promesas

las soledades son fiestas calladas
vaga frontera entre silencio y caos
radar que verifica alrededores
hasta que encuentra un prójimo / otro
    solo /
y le tiende su cabo de esperanza

las soledades pierden o hallan rumbos
conviven con milagros y fantasmas
se resguardan del sol y de la sombra
blindan su espacio propio / su clausura
y tienden a anudar los hilos sueltos

las soledades llenan un vacío
gracias a ellas nos despabilamos
y lentamente vamos aprendiendo
que el clan humano es después de todo
una congregación de soledades

El lugar del crimen

A pesar de psicólogos /
detectives / novelistas ingleses /
los asesinos en su mayoría
no vuelven al lugar del crimen
huyen por lo común despavoridos
en búsqueda de indultos
olvidos y fronteras
y cuando al fin suponen
que se encuentran a salvo
y consiguen un lecho
con mujer o sin ella
cierran los ojos sobre su fatiga
y penetran incautos en el sueño refugio

la sorpresa es que allí nunca hubo
    indultos
ni dispensas ni olvido ni fronteras
y de pronto se hallan
con que el lugar del crimen
los espera implacable
en el vedado de sus pesadillas

Signos del sur

El sur tiene sus cosas sus cositas
que lo hacen expuesto y promisorio
verdes de paz y cumbres de ironía
mascarones de proa y pánicos de popa
arroyitos de sangre junto a mares de sal
pellejos blancos y pieles oscuras
granujas del poder y buscavidas
proveedores de amen y novamás
galones y agonías
cruz del sur / farolitos
incansables toninas allá en el horizonte
teros que van gritando su engañifa /
el sur tiene sus cosas
llueve a baldazos / pero qué sequías
baila milongas de su poca suerte
distribuye el color de su añoranza
la pobre fiesta de sus carnavales
la consolidación de su pobreza
arroyitos de sangre junto a mares de sal
pero en las arterias el sur navega
circula el sur como castigo
y como premio fluye el sur

LABERINTOS

Vuelan las profecías

Es obvio que los aviones
vuelan más alto que los profetas
también es cierto que las profecías
rara vez aterrizan en la noche

a algunas profecías
en especial las melancólicas
les agrada rodar sobre pistas soleadas
o campos engañosamente azules
o nieblas esparcidas en el filo del mar

las más tristes reclaman lo posible
adiestrados escépticos gozan
        desbaratándolas
en cambio las alegres demandan lo
        imposible
y los esperanzados elaboran con ellas
estandartes / augurios / contraseñas

también ocurre que las profecías
más luminosas y descabelladas
más torrenciales y maravillosas
son las únicas que en vuelos rasantes
en páramos o atajos vecinales
no pierden el fulgor

ni el temblor
ni el humor
de sus profetas

Igualdad

En el viejo camposanto
hay sepulcros fanfarrones
criptas / nichos / panteones
todo en mármol sacrosanto
de harto lujo / pero en cuanto
a desniveles sociales /
en residencias finales
como éstas / no hay secretos
y los pobres esqueletos
parecen todos iguales

Caídas

Cada vez que me caigo miro el suelo /
sus hierbas sus hormigas o su nieve
me reciben como a uno de los suyos
y yo / por una vez / voy de terrestre

voy de terrestre y vengo de volátil
con brazo o ala heridos / disponibles
pero no importa / sangre es lo que
     sobra
y el alma no conoce alas ni bíceps

cada vez que me caigo recompongo
la biografía de este homo erecto
no tan erecto cuando está la tierra
tan inmediata y tan lejos el cielo

En primera persona

Un cielo melancólico acompañó mi infancia
dios era una entelequia de misa y sacristía
con siete padrenuestros y alguna avemaría
me otorgaba perdones su divina jactancia

luego poquito a poco fue tomando
     distancia
y un día me hallé lejos de aquella eucaristía
vi tantas injusticias y tanta porquería
que dios ya no era dios sino una
     circunstancia

se agravó mi conciencia maravillosamente
y cada vez son menos las cosas en que creo /
cuando interpelo a dios se va por la
     tangente

los milagros se venden de nuevo al
     menudeo
y así me fui cambiando de buen a mal
     creyente
de mal creyente a agnóstico / y de
     agnóstico a ateo

Papam habemus

Tutor de los perdones
distribuidor de penas
condona las condenas
condena los condones

Desde arriba

La inagotable sangre que se vierte en
    los mitos
los crímenes que amueblan las mejores
    sagas
los parricidios los incestos los
    tormentos
las erinneas las moiras
ilustran las rabietas celestiales

¿qué se podía esperar de los humanos
con ese mal ejemplo de los dioses?

Laberintos

De todos los laberintos el mejor
es el que no conduce a nada
y ni siquiera va sembrando indicios
ya que aquellos otros
esos pocos que llevan a alguna parte
siempre terminan en la fosa común

así que lo mejor es continuar vagando
entre ángulos rectos y mixtilíneos
pasadizos curvos o sinuosos
meandros existenciales / doctrinas en
          zigzag
remansos del amor / veredas del desquite
en obstinada búsqueda de lo inhallable

y si en algún momento se avizora
la salida prevista o imprevista
lo más aconsejable es retroceder
y meterse de nuevo y de lleno
en el dédalo que es nuestro refugio

después de todo el laberinto es
una forma relativamente amena
de aplazar cualquier postrimería

el laberinto / además de trillada metáfora
frecuentada por borges y otros
          aventajados
discípulos y acólitos del rey minos

es simplemente eso / un laberinto /
cortázar se quejaba / entre otras
	cosas /
de que ya no hubiera laberintos
pero qué sino un laberinto
es su rayuela descreída y fértil

forzado a elegir entre los más
	renombrados
digamos los laberintos de creta samos
	y fayum
me quedo con el de los cuentos de mi
	abuela
que no dejaba vislumbrar ninguna
	escapatoria

en verdad en verdad os digo que la
	única fórmula
para arrendar la esquiva eternidad
es no salir jamás del laberinto
o sea seguir dudando y bifurcándose y
	titubeando

o más bien simulando dudas
	bifurcaciones y titubeos
a fin de que los leviatanes se
	confundan

así y todo el laberinto es tabla de
	salvación
para aquellos que tienen vocación de
	inmortales
el único inconveniente es que la
	eternidad /

como bien deben saberlo el padre
    eterno
y su cohorte de canonizados /
suele ser mortalmente aburrida

CASCO URBANO

Asambleas

Vivimos en un curso de asambleas
los árboles de allá tal vez dilapidados
con los raros de aquí / muertos de poda
los flamencos se agrupan como sectas
y el lago les devuelve su encanto
     colectivo
los lobitos envueltos en petróleo
se juntan en racimos de agonía
se desplazan gregarios los delfines
leales a la vieja partitura
las noticias expanden multitudes
laburantes del mundo / si es que
     podéis / uníos
los grandes empresarios se abrazan sin
     fronteras
las ratas recuperan basurales / jardines /
famélicos corean sus baladas de
     hambre
los estados negocian cohechos y
     desechos
los ciegos alardean de sus tactos
     plurales
los desaparecidos se juntan en la
     amnesia
y el silencio de todos rompe el aire
el mundo es un compendio de
     asambleas
cada una en lo suyo y en su suerte
con sus náufragos propios y sus
     atormentados

cada una indiferente a la oferta
    contigua
cada una ajena a la desdicha prójima
asamblea de todos contra todos
abiertas entreabiertas encubiertas
sin un dios o demonio que proponga
un nuevo orden del día o de la noche

Puntos de vista

A veces cuando vuelvo a mi ciudad
puedo admitir que es fea
pero cuando la dejo me parece
de una belleza sin consuelo

no bien piso el umbral de los adioses
ya siento la premura de volver /
        aunque sepa
que sigue siendo fea

fea pero simpática
como esas flacas tiernas y avispadas
de las que uno solía enamorarse
mientras los falsos tímidos besaban
a seductoras rubias de prestado
y lucidez cero kilómetro

cuando regreso encuentro
que los árboles vuelven a turbarnos
y menean un fleco de su altivo ramaje
para que uno los mire y los rescate
del arbitrario olvido

siempre que vuelvo me emociona ver
a esas duras viejitas que antes fueron
        muchachas
y lloro de ateísmo al vislumbrar
que las muchachas se pondrán
        viejitas

no sé si por azar malasuerte o dulzura
la porfiada ciudad sigue en sus trece
(no hay catorce ni quince en el
      programa)

el mendigo que ha sido clase media
ahora tiene pinta de profesor emérito
y pide su limosna en versos yámbicos /

los profesores en cambio han
      aprendido
a vivir con tan poco que no tienen
problemas de bulimia o anorexia

siempre que vuelvo
la primavera está ventosa
y el verano reparte besos húmedos
parejas desparejas carecen de relojes
de ahí que lleguen tarde al lecho de
      lujuria
y dado que sus cuerpos están tan
      abatidos
los ponen en la ducha a cantar
      mañanitas

pero las mansas calles / callecitas de
      barrio
sembradas de adoquines / ésas valen
      la pena
con sus bóvedas de árboles inéditos
y sus caballos sueltos que aguardan
      como perros
el verde del semáforo

justamente las calles de barrio nos
    transmiten
su dialecto de imágenes antiguas
sus casonas de averiado abolengo
y una que otra forchela de anticuario
parquecitos sellados por la historia
mausoleos rotundos anacrónicos
pobre bandera en asta de cemento
productos de la estética marcial

cuando vuelvo a vivir montevideo
las baldosas del sur brillan de lluvia
y en ese espejo inesperado caben
la vida y un resumen de la muerte

me voy apenas y volveré a penas
mis pies saben que pisan sueño patrio
cinco pasos al sur está el abismo
pero es el mío / yo soy quien decide

Postales

Ciudad de paces y contradicciones
pone su toponimia y sus anales
también sus glorias y sus bastardías
al servicio de intrusos y nostálgicos

siempre tuvo una historia en
        movimiento
con pasos y repasos que dejaron su
        huella
por eso hay panoramas para todos los
        gustos /
el nomenclátor callejero incluye
treintaiséis generales / ni uno menos /
y a veces muestra esquinas categóricas
que ingresan en la tarde como proas

hay olores de lunes y fragancias de
        viernes
rosaledas de miércoles y plazas de
        domingo
la noche es un safari por la vía de leche
y cada amanecer una propuesta virgen
el sol avanza ecuánime por techos y
        azoteas
eso cuando no llueve porque la soberana
lluvia lava perdones y lágrimas y culpas

conviene señalar que esta ciudad
        mantiene
rincones adecuados para la confidencia

no ha logrado un nivel de megalópolis
y en consecuencia su distrito
    espléndido
sólo alberga a plutócratas de tercera o
    de cuarta

mientras que el otro estrato / el de los
    pobres /
es en cambio insolvente de primera

se trata de una urbe con muchísimo
    cielo
y por fortuna pocos rascacielos
tiene andamios robustos para
    desocupados
y playas a gozar en las rabonas

poco creyente pero con iglesias
algunas coloniales y otras decorativas
su estilo provinciano incluye zonas
de sexo virtual y otras calistenias
venera a artigas y a maracaná
y sus corruptos son
ramplones y baratos

burgo de pocos chismes y retórica fácil
se siente orgullosísima de sus
    concentraciones
que defienden en vano causas justas
cuando los carnavales se aburre como
    ostra
y suele entretenerse contemplando
    naufragios
incendios y atentados en tevé

digamos que se trata de una villa
algo alborotadora pero suave
de a ratos bullanguera pero humilde

los invito a pasar / y no se vayan
que mañana por fin se inaugura la feria
latinoamericana sobre el
      macroconsuelo
y habrá matracas y hasta cocacola

En blanco y negro

Los mendigos anónimos
vienen del cine mudo
posan en blanco y negro

en la mano extendida
en el platillo estéril
en la gorra tumbada
en el viejo estribillo
en el tango que narra
de chanfle la miseria
está toda la historia
esa que no sabemos

los mendigos anónimos
antes tenían nombres
y memoria y subtítulos

De vereda a vereda

De vereda a vereda
nos saludamos torpes
no queremos saber
los quebrantos del otro

estamos más gastados
más tristes menos dóciles
más esquivos y tensos

de vereda a vereda
nos sentimos perdidos
y nos amilanamos
disimuladamente
sin raíz y sin diáspora
como fuimos y somos
como ya no seremos

de vereda a vereda
uno en sol / otro en sombra
todavía canjeamos
miradas en la niebla
el silencio madura
los guiños del pasado
uno en sombra / otro en sol

de vereda a vereda
nos buscamos el alma
cuando el cielo era nuestro
y la noche era estrellas

duelen algo los huesos
y el deseo y los nombres /
con la vista cansada
nos buscamos el alma

¿dónde están los que fuimos?
descontemos los muertos
que ya son transparentes
cristalinos tangibles

¿por qué razón o causa
seremos tan opacos
los diez sobrevivientes?

Lluvia

Yo conozco esta lluvia
este muro lavado
este dolor en paz
esta monotonía

los grafitti resisten
siguen diciendo basta /
viva / muera / go home /
luis y delia se quieren

pasan los hurgadores
los perros los mercedes
una pobre avioneta
bajo el techo de nubes

pese a mis viejas mañas
no se abre mi paraguas
me mojo hasta los tuétanos
las cejas me gotean

yo conozco esta lluvia
llanto de sur y lástimas
los sueños que se encharcan
apocalipsis mínimo

hace años bajaban
las lluvias melancólicas
y tras los ventanales
el amor abrigaba

la lluvia ¿qué nos riega?
¿será lluvia o será
la saliva de dios
que nos salpica?

Tantas ciudades

Hay ciudades que son capitales de gloria
y otras que son ciudadelas del asco

hay ciudades que son capitales de audacia
y otras que apenas son escombreras del
   miedo

pero aun sin llegar a esos extremos
en unas y otras hay rasgos comunes

el puerto / la avenida principal /
callejón de burdeles / la catedral severa

monumentos donde dejan sus flores
ex tiranos y sus máscaras de odio

hay suburbios que ocultan la otra cara
la miserable la mendiga

metrópolis de atmósfera viciada
y otras que apenas tienen un smog
   espiritual

ciudades con sus mafias barrasbravas y
   sectas
y otras con angelitos ya pasados de moda

pero aun sin llegar a esos extremos
ostentan atributos compartidos

por ejemplo el deber de estar alegres
durante el carnaval de fecha fija

y mostrarse llorosas y agobiadas
el día de difuntos o en su víspera

o estar enamoradas y tiernísimas
el st.valentine's day que trajeron del norte

hay ciudades que osan defenderse
de la hipocresía y el consumismo

y otras que se entregan indefensas
al consumismo y la hipocresía

ciertamente ninguna ciudad es tan infame
ni tan espléndida o deslumbrante

tal vez una y otra sean de fábula
pensadas desde cierta soledad ominosa

pero aun en las franjas de quimera
en los puntos que nacen del desvelo

hay ciudades para vivir / y otras
en las que no querría ni caerme muerto

Bahías

Las bahías son todas una sola
con naves diferentes pero iguales
que la luna convierte en espectrales
y el sol en resplandores que controla

la bahía sus velas enarbola
y más acá de bienes y de males
en su borde se mueven fantasmales
los muchachos de rock y cocacola

cada bahía tiene su solera
pero parecen al final del día
cortadas todas por igual tijera

y pese a la ritual topografía
la suya es una opción tan verdadera
que una bahía es siempre otra bahía

El mar

Qual è l'incarnato dell'onda?

VALERIO MAGRELLI

¿Qué es en definitiva el mar?
¿por qué seduce? ¿por qué tienta?
suele invadirnos como un dogma
nos obliga a ser orilla

nadar es una forma de abrazarlo
de pedirle otra vez revelaciones
pero los golpes de agua no son magia
hay olas tenebrosas que anegan la
     osadía
y neblinas que todo lo confunden

el mar es una alianza o un sarcófago
del infinito trae mensajes ilegibles
y estampas ignoradas del abismo
trasmite a veces una turbadora
tensa y elemental melancolía

el mar no se avergüenza de sus
     náufragos
carece totalmente de conciencia
y sin embargo atrae tienta llama
lame los territorios del suicida
y cuenta historias de final oscuro

¿qué es en definitiva el mar?
¿por qué fascina? ¿por qué tienta?

es menos que un azar / una zozobra /
un argumento contra dios / seduce
por ser tan extranjero y tan nosotros
tan hecho a la medida
de nuestra sinrazón y nuestro olvido

es probable que nunca haya respuesta
pero igual seguiremos preguntando
¿qué es por ventura el mar?
¿por qué fascina el mar? ¿qué significa
ese enigma que queda
más acá y más allá del horizonte?

Máscaras

No me gustan las máscaras exóticas
ni siquiera me gustan las más caras
ni las máscaras sueltas ni las desprevenidas
ni las amordazadas ni las escandalosas

no me gustan y nunca me gustaron
ni las del carnaval ni las de los tribunos
ni las de la verbena ni las del santoral
ni las de la apariencia ni las de la retórica

me gusta la indefensa gente que da la cara
y le ofrece al contiguo su mueca más
    sincera
y llora con su pobre cansancio imaginario
y mira con sus ojos de coraje o de miedo

me gustan los que sueñan sin careta
y no tienen pudor de sus tiernas arrugas
y si en la noche miran / miran con todo el
    cuerpo
y cuando besan / besan con sus labios de
    siempre

las máscaras no sirven como segundo rostro
no sudan / no se azoran / jamás se
    ruborizan
sus mejillas no ostentan lágrimas de
    entusiasmo
y el mentón no les tiembla de soberbia o
    de olvido

¿quién puede enamorarse de una faz
  delgada?
no hay piel falsa que supla la piel de la
  lascivia
las máscaras alegres no curan la tristeza
no me gustan las máscaras / he dicho

Idas y vueltas

Cuando crecen indemnes las fanfarrias
los crímenes de ayer y de anteayer
los fallutos de hoy y de mañana
a uno le vienen ganas de escapar
o al menos de adquirir unas muletas
para el alma que está en reparaciones
o en penúltimo caso una aspirina
para el dolor de olvido

se volvieron sabihondos los grafitti
patria vení conmigo / yo me rajo /
me gusta y no me gusta / río y lloro
como exiliado para siempre y nunca

yo quisiera viajar pero quedarme
con mis muertos a cuestas / con mis
      vivos
con un perro de invierno hecho un ovillo
con un gato bisiesto hecho una sombra

si me escabullo clandestinamente
ha de ser con mis pájaros oblicuos
yéndome como ellos / migratorio
volviendo migratorio como ellos

irme y llegar / volver hasta eclipsarme
como siempre en el sur / consciente y
      mudo
la estampida no duele / duele el tiempo
el de la cuarentena y las ausencias

crecen en la derrota las fanfarrias
los crímenes de ayer y de anteayer
los fallutos de hoy y de mañana
no del país sino del universo

pero es inútil / nadie nos aguarda
más acá de la vida despareja
más allá de la muerte igualitaria

El barrio

Volver al barrio siempre es una huida
casi como enfrentarse a dos espejos
uno que ve de cerca / otro de lejos
en la torpe memoria repetida

la infancia / la que fue / sigue perdida
no eran así los patios / son reflejos /
esos niños que juegan ya son viejos
y van con más cautela por la vida

el barrio tiene encanto y lluvia mansa
rieles para un tranvía que descansa
y no irrumpe en la noche ni madruga

si uno busca trocitos de pasado
tal vez se halle a sí mismo ensimismado /
volver al barrio es siempre una fuga

Acuarela con burócrata

El burócrata sueña crisantemos
barcarolas y pezones corteses
guirnaldas de deseos y entelequias
burbujas y penélopes y arrobos

en su mundo de archivos y teclados
la ternura es un saldo a revisar
la paciencia una letra descontable
un fleco de imprevistos el delirio

el burócrata está en su ventanilla
como un guardabosques o un vigía
allí adquiere el oficio de los rostros
y el esperanto de las manos ásperas

su dolor desplegado tiene horarios
digamos diez minutos para el sollozo
        libre
y entre los documentos del último
        ejercicio
verifica el cansancio de las cifras

el burócrata sueña con oboes
con hiedras de perdón y labios
        mágicos
con jirones del sur / con nubes altas
con olas que se postran a sus pies

cuando suene el reloj / el de los límites /
colgará sus quimeras en la percha

y se aventurará en la calle sórdida
como en un arrabal del paraíso

Amanece

Aún me tiene el sueño
preso en su telaraña
aún / pero amanece
y es en pleno sosiego
sin gallos ni maitines

con dudas amanece
mientras yo me dedico
a estirar brazos / piernas /
es la forma en que trato
de convencer al cuerpo
de que llegó otro día

no sé si éste va a ser
exultante o fatal
todavía es temprano
y no leí el horóscopo
pero en el cielo anexo
hay nubes de placer
como algodón inmóvil

barajo algunos nombres
dolorosos / rituales

ojos de guiño verde
risas y rosas rojas
el alba no hace suya
tanta melancolía
y el corazón redobla
su latido inseguro

desde los pies me asiste
este viernes de marzo
confío en que me ayude
a soportar adioses
y otros prolegómenos
del tedio o de la fiesta

cuando el amanecer
acabe y se abra el día
adulto y pecador /
podré desperezarme
para dejarle sitio
a la otra pereza
la sabia
la del sol

Uno y los otros

Formas de la pena

Cuando mataron a mi amigo hermano
borré los árboles y su vaivén
el crepúsculo tenue / el sol en llamas
no quise refugiarme en la memoria
dialogué con mis llagas / con las
    piedras
escondí mi desdén en el silencio
expulsé de mi noche los delirios
puse mi duermevela a la deriva
lloré de frío con los ojos secos
oré blasfemias con los labios sordos
metí el futuro en un baúl de nadie
en mis rencores inmolé al verdugo
pedí a los buitres que volaran lejos
y escupí en la barraca de los dioses
todo eso quise hacer pero no pude
cuando mataron a mi amigo hermano

La historia

Dijo cervantes que la historia
es el depósito de las acciones
y yo / salvadas las distancias / creo
que es un nomenclátor de expectativas

el historiador era para schlegel
apenas un profeta que miraba hacia
    atrás
y yo / salvadas las distancias / creo
que suele ser estrábico y a veces
    hipermétrope

por su parte el saber congelado
    sostiene
que los pueblos felices nunca tienen
    historia
y como en realidad todos la tienen
vaya sacando usted las conclusiones

a menudo la historia se vale de utopías
algunos aprovechan para erigirle
    estatuas
y luego es consagrada como infancia
    del mundo
o como fotocopia del futuro

la historia colecciona pálidos
    nomeolvides
lápidas de homenaje con hollines y
    mugre

y en su amplio muestrario de desdenes
figura hasta el humilde que vivió sin
    codicia

la historia está maltrecha / quebrantada
hace dos o tres siglos que no ríe
que no llora / no habla / acaso porque
    ahora
ya no hay quién le peine las mentiras

Feuilles mortes

No sólo de los árboles
también las de los libros
que otros y nosotros
fuimos abandonando
al borde del olvido

no sólo de los libros
también las de las puertas
que fueron clausuradas
para no encandilarnos
con tanta luz y penas

no sólo de las puertas
también de las espadas
que salvan / fintan / tumban
y al herirnos pregonan
su falta de confianza

Insomnio

El insomnio es un foro
de expectativas
las imágenes vuelan
no se esclavizan

ruinas y glorias
son datos fidedignos
de la memoria

yo no tengo otra llave
que tus preguntas
pero a veces no encuentro
la cerradura

sigo en desvelo
en el mundo que acecha
no se abre el sueño

el blanco cielo raso
no me seduce
y en el cielo de veras
tan sólo hay nubes

cierro los ojos
y estoy despabilado
como un custodio

la vigilia en la noche
quién lo diría
arrima sensaciones
desconocidas

son horas blancas
algo se mueve pero
no pasa nada

uno escucha el silencio
y de improviso
fluyen las añoranzas
y es como un río

la brisa eriza
y lejos canta un gallo
sus profecías

yo no tengo otra llave
que tus preguntas
pero a veces no encuentro
la cerradura

y si la encuentro
ya no querré dormirme
porque te tengo

Soneto gramatical

Abro la urna de los adjetivos
que estaban pálidos de tanta sombra
y la prosodia que articula y nombra
los recibe con puntos suspensivos

cansado de pronombres relativos
prefiero la sintaxis que me asombra /
las comillas / debajo de la alfombra
espían a los nuevos sustantivos

se turnan el temor y la osadía
entre los verbos que no dejan huella
y los paréntesis con su intervalo

con la sabia gramática o sin ella
no pensé que una noche escribiría
un soneto tan frívolo y tan malo

Cofre fort

En un cofre del cual tengo la llave
no es mucho lo que cabe

es cierto que allí siempre deposito
mis ahorros de tinto grapa y ron
y un anillo de mi abuela más iva
pero con los descuentos del amor

en un cofre del cual tengo la llave
no es mucho lo que cabe

es cierto que allí siempre deposito
los sueños con orgasmo y dignidad
chistes verdes y rojillos más iva
y los cheques que firma alí babá

en un cofre del cual tengo la llave
no es mucho lo que cabe

es cierto que allí siempre deposito
las cartas que te he escrito y no envié
los diez minutos de placer más iva
y un cartapacio con los pagarés

en un cofre del cual tengo la llave
no es mucho lo que cabe

¿Qué les queda a los jóvenes?

¿Qué les queda por probar a los
      jóvenes
en este mundo de paciencia y asco?
¿sólo grafitti? ¿rock? ¿escepticismo?
también les queda no decir amén
no dejar que les maten el amor
recuperar el habla y la utopía
ser jóvenes sin prisa y con memoria
situarse en una historia que es la suya
no convertirse en viejos prematuros

¿qué les queda por probar a los jóvenes
en este mundo de rutina y ruina?
¿cocaína? ¿cerveza? ¿barras bravas?
les queda respirar / abrir los ojos
descubrir las raíces del horror
inventar paz así sea a ponchazos
entenderse con la naturaleza
y con la lluvia y los relámpagos
y con el sentimiento y con la muerte
esa loca de atar y desatar

¿qué les queda por probar a los jóvenes
en este mundo de consumo y humo?
¿vértigo? ¿saltos? ¿discotecas?
también les queda discutir con dios
tanto si existe como si no existe
tender manos que ayudan / abrir
      puertas
entre el corazón propio y el ajeno /

sobre todo les queda hacer futuro
a pesar de los ruines del pasado
y los sabios granujas del presente

De dónde la memoria

¿De dónde la memoria
llega y se mira
cual si buscara ahora
la fe perdida?

no tiene escapatoria
tierra baldía
el pasado se forma
de tentativas

si acuden las congojas
a nuestra cita
allí donde se posan
quedan cautivas

ya no viene la aurora
como solía
alegre y remolona
puerta del día

guitarras candorosas
sirven de guía
y sus hebras son glorias
que desafinan

el mar pone gaviotas
en las orillas
y el horizonte monta
su lejanía

ya se fue la memoria
desfallecida
y quedamos a solas
con esta vida

Ojos de buey

Cada vez que miro por el ojo de buey
veo un mar distinto a cualquier otro
    mar
no sé si es que el mar cambia mi mirada
o si es mi mirada la que transforma al mar

cada barco tiene sus bueyes de ojo
    único
bueyes tuertos que añoran su tristeza
    verde
en cambio el buey no tiene
su auténtica pradera
mira con sus dos ojos
y nunca añora el mar

cada vez que miro por el ojo de buey
veo un mar distinto a cualquier otro
    mar
pero a medida que pasan inviernos y
    oleajes
acecho con mi propio ojo de buey
mi propio y fatigado ojo de buey
y sin pudor añoro
el herbazal tan verde
de aquel viejo amor joven
su alegre novillada

Todos los adioses

Ya no recuerdo dónde fue
si en el mercado de las pulgas
o en la feria de tristán narvaja
o en algún tenderete de san telmo
lo cierto es que en una pobre mesa
sucia de años e intemperie
vi un llamativo álbum de anticuario
con los bordes dorados y las tapas de
    cuero

lo palpé con fruición de filatélico
y pareció entenderse con mis manos
pregunté el precio y era carísimo
el viejo me explicó con extraña dulzura
que se trataba de un ejemplar único
un álbum sorprendente
quién sabe de qué origen
especialmente diseñado
para coleccionar adioses
me hizo al fin de cuentas una buena
    rebaja
y ya no tuve excusas

después de todo en mi memoria había
adioses adecuados para un álbum tan
    virgen

año tras año fui llenando las casillas
el adiós inicial debe haber sido
a mi memoria del pecho materno

el segundo a un juguete
que se quebró en mis manos
luego a un pavo real y su arco iris
la calle de adoquines con la niña y su
    perro
el marqués de cabriolas envuelto en
    serpentinas
gato más bien acróbata en pretiles de
    luna
la muchacha que aceptó el jubileo
la última promesa que naufragó en el
    barro
el premio y el castigo del trabajo
la amistad con trampas y confianzas
    anexas
el padre muerto en soledad y ahogo
y dos o tres hermosas utopías

ahora apenas queda la casilla
para el último adiós
el que vendrá

algún coleccionista de otro siglo
tal vez encuentre este álbum de
    anticuario
en el mercado de las pulgas clónicas
y lo lleve en secreto hasta su cueva
y allí despegue todos mis adioses
para pegar los suyos

Perdonavidas

Perdonavidas eligió su senda
descalzo caminó entre escombros
    propios
miró sus pies con cierta repugnancia
y se expulsó de la melancolía

perdonavidas perdonó su vida
de las calumnias hizo polvareda
midió los barcos desde el espigón
juró no irse pero fue perjuro

perdonavidas se metió en la lluvia
y así empapado pudo lo que quiso
y cuando el agua vino a deslumbrarlo
cerró los ojos en defensa propia

perdonavidas fabricó su adiós
con eslabones de la duda prójima
se fue de todos y de todo / errante /
y ya no tuvo ni perdón ni vida

Alegría de la tristeza

En las viejas telarañas de la tristeza
suelen caer las moscas de sartre
pero nunca las avispas de aristófanes

uno puede entristecerse
por muchas razones y sinrazones
y la mayoría de las veces sin motivo
    aparente
sólo porque el corazón se achica un
    poco
no por cobardía sino por piedad

la tristeza puede hacerse presente
con palabras claves o silencios
    porfiados
de todas maneras va a llegar
y hay que aprontarse a recibirla

la tristeza sobreviene a veces
ante el hambre millonaria del mundo
o frente al pozo de alma de los
    desalmados

el dolor por el dolor ajeno
es una constancia de estar vivo

después de todo / pese a todo
hay una alegría extraña / desbloqueada
en saber que aún podemos estar tristes

Chatarra

La verdad la verdad
es que allí hubo de todo
esperanzas sangrantes
ovaciones cortadas
esquirlas de monólogos
muñones de retórica
turbias lamentaciones
promesas desabridas
miedos como seísmos
veranos soporíferos
ratas coyunturales
aullidos con mordaza
expectativas locas
amores de penuria
hambres de cuatro días
ángeles con diabetes
convalecientes muertos
escupitajos duros
parpadeos vacíos
prepucios inservibles
esqueletos de pájaros
guijarros de estulticia
nostálgicos del oro
venenos sin alcohol
mensajes de suicidas
carcajadas de lata
pañuelos del adiós
crisantemos de nailon
trampas del catecismo
saliva efervescente

perdones de granuja
taquitos de ramera
pelucas de estadista
basuritas nucleares
pezones de hace tiempo
palabras desmayadas
la verdad la verdad
es que allí hubo de todo
verde podrida fósil
la chatarra del mundo

Llenuras

A dónde vamos a parar
los parvularios se han llenado de
    abuelos
el gobierno / de cándidos mafiosos
la zootecnia / de cachorros clónicos
el cielo / de helicópteros baldados
los huertos / de granadas de anteayer

a dónde vamos a parar
la iglesia se ha llenado de paganos
la cárcel / de anacrónicos profetas
las voces / de silencios
la vida / de osamentas
el amor / de estribillos

a dónde vamos a parar
la nostalgia se ha llenado de escombros
las bocas / de calumnias
la gloria / de fantasmas
el follaje / de hogueras
el porvenir / de nadas

a dónde
a dónde
a dónde vamos a parar

Espectro

Con el rojo de la mala sangre
el anaranjado del azafrán bastardo
el verde de los capotes castrenses
y el amarillo de la fiebre tal
con el azul de la vieja nobleza
una pizca de añil adulterado
y algún que otro erudito a la violeta
puede formarse
con un poco de suerte
un asco iris

Ojalá

La palabra ojalá es como un túnel o un
    ritual
por los que cada prójimo intenta ver lo
    que se viene
pero ojalá propiamente dicho sigue
    habiendo uno solo
aunque para cada uno sea un ojalá
    distinto

ojalá es después de todo un más allá
al que quisiéramos llegar después del
    puente
o del océano o del umbral o de la
    frontera

ojalá vengas
ojalá te vayas
ojalá llueva
ojalá me extrañes
ojalá sobrevivan
ojalá lo parta un rayo

al oh-alá de antaño se le fundió el alá
y está tan desalado que da pena
ahora es más bien una advertencia
    hereje
¡ojo alá!

ay de los ojalateros opulentos
sin hache y sin pudor

que piensan sólo en arrollar
a los ojalateros desvalidos

ay de los criminales de lo verde
ojalá se encuentren
con las pirañas
del mártir amazonas

Ser otro

No hay ser humano que no quiera ser
    otro
y meterse en ese otro como en una
    escafandra
como en un aura tal vez o en una
    bruma
en un seductor o en un asceta
en un aventurero o un boyante

sólo yo no quisiera ser otro
mejor dicho yo
quisiera ser yo
pero un poco mejor

Final

Zapping de siglos

Ahora que este siglo
uno cualquiera
se deshilacha se despoja
de sus embustes más canallas
de sus presagios más obscenos
ahora que agoniza como una bruja
      triste
¿tendremos el derecho de inventar un
      desván
y amontonar allí / si es que nos dejan
los viejos infortunios / los tumores del
      alma
los siniestros parásitos del miedo?

lo atestigua cualquier sobreviviente
la muerte es tan antigua como el
      mundo
por algo comparece en los vitrales
de las liturgias más comprometidas
y las basílicas en bancarrota

lo vislumbra cualquier atormentado /
el poder malasombra nos acecha
y es tan injusto como el sueño eterno
por algo acaba con los espejismos
y la pasión de los menesterosos /
archisabido es que sus lázaros

no se liberan fácilmente
de los sudarios y las culpas

quiero pensar el cielo cuando estaba
sin boquetes y sin apocalipsis
quiero pensarlo cuando era
el complemento diáfano del mar
pensar el mar cuando era limpio
y las aletas de los peces
acariciaban los tobillos
de nuestras afroditas en agraz

pensar los bosques / la espesura
no esos desiertos injuriosos
en que han ido a parar
sino como árboles y sombra
como follajes bisabuelos

¿a dónde íran los niños y los perros
cuando el siglo vecino nos dé alcance?

¿niños acribillados como perros?
¿perros abandonados como niños?

¿a dónde irán los caciquillos
los náufragos de tierra firme
los alfareros de la envidia
los lascivos y los soplones
de las llanuras informáticas?

¿dónde se afincarán los coitos baladíes
las gargantas profundas / los colores
del ciego / los solemnes esperpentos /
los síndromes de chiapas y estocolmo?

¿qué será del amor
y qué del odio
cuando el siglo vecino nos dé alcance?

este fin de centuria es el desquite
de los rufianes y camanduleros
de los callados cuando el hambre aúlla
de los ausentes cuando pasan lista
de los penosos vencedores
y los tributos del olvido
de los abismos cada vez más hondos
entre carentes y sobrados
de las erratas en los mapas
hidrográficos de la angustia

los peregrinos reivindican
un lugarcito en el futuro
pero el futuro cierra cuentas
y claraboyas y postigos

los peregrinos ya no rezan
cruje la fe de los vencidos
y en el umbral de la carroña
un caracol arrastra el rastro

los peregrinos todavía
aman / creyendo que el amor
última thule / ese intangible
los salvará del infortunio

los peregrinos hacen planes
y sin aviso fundan sueños
están desnudos como amantes
y como amantes sienten frío

los peregrinos desenroscan
su corazón a la intemperie
y en el reloj de los latidos
se oye que siempre acaso nunca

los peregrinos atesoran
ternuras lástimas inquinas
lavan sus huesos en la lluvia
las utopías en el limo

los que deciden cantan loas
a los horteras del dinero /
los potentados del hastío
precisan mitos como el pan

los que deciden glorifican
a los verdugos del placer
a cancerberos y pontífices
inquisidores de los cuerpos

desde su cúpula de nailon
una vez y otra y otra vez
los que deciden se solazan
con el espanto de los frágiles

tapan el sol con un arnero
se esconde el sol / queda el arnero
los memoriosos abren cancha
para el misil de la sospecha

¿cómo vendrá la otra centuria?
¿siglo cualquiera? ¿siglo espanto?
¿con asesinos de juguete
o con maniáticos de veras?

cuando no estemos ¿quién tendrá
ojos que ahora son tus ojos?
¿quién surgirá de las cenizas
para bregar contra el olvido?

¿quiénes serán amos del aire?
¿los pararrayos o los buitres?
¿los helicópteros? ¿los cirros?
¿las golondrinas? ¿las antenas?

temo que vengan los gigantes
a concedernos pequeñeces
o el dios silvestre nos abarque
en su bostezo universal

el pobre mundo sin nosotros
será peor / a no dudarlo /
pero en su caja de caudales
habrá una nada / toda de oro

¿dará vergüenza ese silencio?
¿o será un saldo del bochorno?
¿habrá un mutismo generalizado?
¿o alguna sorda tocará el oboe?

damas y caballeros / ya era tiempo
de baños unisex / el buen relajo
será por suerte constitucional
durante el rictus de la primavera

no nos roben el ángelus ni el cenit
ni las piernas de efímeras muchachas
no elaboren un siglo miserable
con fanatismo y sábanas de virgen

¿habrá alquimistas que divulguen
su panacea en inglés básico?
¿habrá floristas para putas?
¿verdugos para ejecutores?

¿cabrá la noche en los cristales?
¿cabrán los cuerpos en la noche?
¿cabrá el amor entre los cuerpos?
¿cabrá el delirio en el amor?

el siglo próximo es aún
una respuesta inescrutable
los peregrinos peregrinan
con su mochila de preguntas

el siglo *light* está a dos pasos
su locurita ya encandila
al cuervo azul lo embalsamaron
y ya no dice nunca más

EL OLVIDO ESTÁ
LLENO DE MEMORIA
(1995)

A Luz,
como siempre

es una posesión, porque
el olvido
es una de las formas de la memoria,
su vago sótano,
la otra cara secreta de la moneda.

Jorge Luis Borges

Más vale que no tengas que elegir
entre el olvido y la memoria.

Joaquín Sabina

Un día, todos los elefantes se reunirán para olvidar.
Todos, menos uno.

Rafael Courtoisie

Ese gran simulacro

Cada vez que nos dan clases de
    amnesia
como si nunca hubieran existido
los combustibles ojos del alma
o los labios de la pena huérfana
cada vez que nos dan clases de amnesia
y nos conminan a borrar
la ebriedad del sufrimiento
me convenzo de que mi región
no es la farándula de otros

en mi región hay calvarios de ausencia
muñones de porvenir / arrabales de
    duelo
pero también candores de mosqueta
pianos que arrancan lágrimas
cadáveres que miran aún desde sus
    huertos
nostalgias inmóviles en un pozo de
    otoño
sentimientos insoportablemente
    actuales
que se niegan a morir allá en lo oscuro

el olvido está tan lleno de memoria
que a veces no caben las
    remembranzas
y hay que tirar rencores por la borda
en el fondo el olvido es un gran
    simulacro

nadie sabe ni puede / aunque quiera /
    olvidar
un gran simulacro repleto de fantasmas
esos romeros que peregrinan por el
    olvido
como si fuese el camino de santiago

el día o la noche en que el olvido
    estalle
salte en pedazos o crepite /
los recuerdos atroces y los de maravilla
quebrarán los barrotes de fuego
arrastrarán por fin la verdad por el
    mundo
y esa verdad será que no hay olvido

¿Cosecha de la nada?

Hay quienes imaginan el olvido
como un depósito desierto / una
cosecha de la nada y sin embargo
el olvido está lleno de memoria

hay rincones del odio por ejemplo
con un rostro treinta veces ardido
y treinta veces vuelto a renacer
como otro ave fénix del desahucio

hay arriates de asombro
con azahares sedientos de rocío /
hay precarias lucernas del amor
donde se asoman cielos que fueron
        apagados
por la huesuda o por la indiferencia
y sin embargo siguen esperando

aunque nada ni nadie los desangre en
        voz alta
ni el desamparo ni el dolor se borran
y las lealtades y traiciones giran
como satélites del sacrificio

en el olvido encallan buenas y malas
        sombras
huesos de compasión / sangre de
        ungüentos
resentimientos inmisericordes
ojos de exilio que besaron pechos

hay quienes imaginan el olvido
como un depósito desierto / una
cosecha de la nada y sin embargo
el olvido está lleno de memoria

Olvidadores

No olvidadizos sino olvidadores

he aquí que también llegan
entre otras herrumbradas
        circunstancias
la degeneración / las taras del olvido
la falsa amnesia de los despiadados

es ilusión de estos olvidadores
que los otros las otras los otritos
no sigan recordando su vileza
pero son fantasías sin futuro ni magia

si la sangre de ayer alcanzó a macbeth
cómo no va a alcanzar a estos
        verdugos
de pacotilla y pesadilla

perdí la compasión en el casino
por eso les auguro y les propongo
insomnios con plañidos puteadas
        mutismos
cuerpos yertos desnudos nunca más
        seductores
ojos empecinadamente abiertos con
        miradas capaces
de taladrar cerebro y corazón

no olvidadizos sino olvidadores

ocurre que el pasado es siempre una
   morada
pero no existe olvido capaz de
   demolerla

Ah las primicias

Ah las primicias / cómo envejecieron
cómo el azar se convirtió en castigo
cómo el futuro se vació de humildes
cómo los premios cosecharon premios
cómo desamoraron los amores
cómo la hazaña terminó en sospecha
y los oráculos enmudecieron

todo se hunde en la niebla del olvido
pero cuando la niebla se despeja
el olvido está lleno de memoria

Nomeolvides

Tuve un largo poema
que aunque se prodigaba en sus
    malvones
al poco tiempo se quedó sin rojo

tuve otro con jazmines
frágiles hogareños e insondables
pero se descolgaron como copos de
    nieve

y tuve alguno más
que era un cerco balsámico de rosas
pero se marchitaron sin grandeza

por fin tuve un harén de nomeolvides
y no puedo olvidarlos porque añaden
azul a mi memoria

Sólo un detalle

Cuando la noche se pobló de ánimas
de ángeles de ratas y de truenos
el más cruel de los crueles
se abasteció de agravios
y los puso en los nidos y en las llagas

cuando la noche se hizo cueva
y allí albergó traiciones y pánico y
        rencores
el más cruel de los crueles
se enloqueció de odio y de ufanía
y luego envenenó las cañadas del valle

aniquiló nostalgias / cerró el pálpito
amontonó cenizas / remendó cicatrices
quiso borrar todas sus fechorías /
pero menospreció un detalle mínimo
se olvidó de olvidarse del olvido

Variaciones

Sé que algunos hermanos se
    enmendaron
se desfraternizaron / se perdieron de
    vista /
sin apelar a prórrogas
decidieron lavarse de mágicas penurias
y lejos / en la cueva del olvido
su primavera quedó haciendo señas

no bien esos hermanos aprendieron
a volar con las alas del desdén
su egoísmo se volvió sereno

ahora un poco huérfanos
y con su amor sin labios
por el miedo vacío van a tientas
rezan ciérrate sésamo y que sea
para siempre en el acre porvenir

ex hermanos / sin bregas ni delirios
hastiados de querer al árbol leña
devotos de su ombligo y escondiendo
bajo el telón del párpado
la dulce antigua falta

saben / y desde siempre lo han sabido
que en su rampante soledad no caben
los abrazos del prójimo y la lluvia
los abrazos del sueño
los abrazos

La culpa

Desde todos los sueños cardinales
llega la culpa como un aleluya
se nos cuelga del alma y la aceptamos
como un interrogante de la noche

y ella se queda pálida extenuada
la compañera culpa sin raíces
ansiosa de que al fin la consolemos
y compartamos su última vergüenza

Se había olvidado

Se había olvidado del carnaval y sus
      matracas
de los insomnios después de cada
      examen
de los barriletes con hojas de afeitar
de sus trescientos soldaditos de plomo

se había olvidado de las tardes en el río
de los caballos que dibujaba con
      crayolas
de la primera erección / el primer
      sueldo
de los mugrientos quilombos en la
      frontera

se había olvidado de la preciosa
      chiquilina
violada por sus milicos subalternos
del vómito rojo de aquel estudiante
que no estaba dispuesto a delatar
del nudo en su poquito de conciencia
de la sordera de los árboles abuelos
cuando él pasaba silbando o
      sollozando

pero un día el chaparrón de la
      memoria
cayó sobre su calva tan lustrosa
y sintió el bochorno de ya no ser
el gurisito de viejas primaveras

de saberse asimismo un huérfano de
    amores
un náufrago de patrias un ausente

y lo asaltó la cruz de los menesterosos
la piel de la violada que no pudo llorar
las máscaras que imitaban a su rostro
y lo bañó el embuste a borbotones
la purulencia de su vida de cruel
y puteó larga y tartajosamente
ante el olvido el intratable olvido
cuando lo vio tan lleno de memoria

El porvenir de mi pasado

Nacimiento

A este recién llegado
no lo factura la cigüeña
a este infante de ahora lo ha traído
la hiena turbia y desmonetizada

no pretende irrumpir en el mundo de
        otros /
el primer llanto es por haber nacido
sin infancia / sin visado de vuelta
a su limbo en suspenso / esa nada de
        origen

cuando abre los ojos hay un cielo
        lacónico
con estrellas y azares / indignos y
        lechosos
cuando cierra su mano hay apenas un
        pájaro
que palpita modestos vaticinios

cuando abre su boca hay un pezón
        frutal
y así comienza el curso de básica
        dulzura
si sueña echa de menos el ensalmo del
        útero
y si despierta vuelve a nacer y se aterra

no sabe todavía que en la renta per
        cápita

omitieron la breve renta por cabecita
su mollera inaugura así el dolor del
    mundo
ya le llegará el hambre sin aviso y con
    rostro

con el tiempo sus pies hallarán su
    baldosa
y crecerá amará irá quemando etapas
cuando por fin sonría como la mona
    lisa
estará en condiciones de fabricar a dios

Voyeur

Indiscreto / curioso / entrometido
bicho por la rendija que dejan los
     tinglados
y allí lo veo hosco / melancólico
el ceño vulnerado por espectros y
     surcos
sus púas y rencores listos para el asalto
corroído y soberbio

es el poder oscuro
el loco omnímodo
tan intocable como un códice
y sin embargo
lo poquísimo o mucho que decide
lo hace a duras penas
como incumpliendo un rito

a través de la grieta que cedieron
listones de palabras
harapos de ovaciones
fogonazos de miedo
lo veo desalmado / desalmante
purgado de su gente
imbuido de errores
arrogante y mezquino

vigilado de lejos
por favores por aborrecimientos
codicias y retenes
de grises / de insaciables

de ideólogos en celo
de alabanceros tenues /
el poder el mismísimo
como siempre
está solo

Desganas

Si cuarenta mil niños sucumben
    diariamente
en el purgatorio del hambre y de la sed
si la tortura de los pobres cuerpos
envilece una a una a las almas
y si el poder se ufana de sus
    cuarentenas
o si los pobres de solemnidad
son cada vez menos solemnes y más
    pobres
ya es bastante grave
que un solo hombre
o una sola mujer
contemplen distraídos el horizonte
    neutro

pero en cambio es atroz
sencillamente atroz
si es la humanidad
la que se encoge de hombros

Tribu

Desde que la conciencia sucumbió a
    su vértigo
y hubo que desconfiar de los confiables
y las éticas se volvieron estériles
y los hombres de dios se despeñaron

desde que se ahogaron nuestros
    desahogos
y cada rostro se metió en su máscara
y júpiter se encontró con su cometa
y no quedaron huellas del amor cautivo

desde que el futuro se talló en el
    viento
los justos se perdieron en la injusticia
y el que prometía quemó sus promesas
en la hoguera mejor del enemigo

desde que todo comenzó a ser nada
desde que alguien empezó a ser nadie
y el poder condecorado de adjetivos
nos metió en la pocilga del perdón

no somos desde entonces ni siquiera
    caterva
ni muchedumbre ni pueblo unido
cada uno en su humilde covacha
    rememora
la noche más nocturna / la del miedo

estamos desprendidos / sueltos en el
    espacio
sin el consuelo del rezo o del dogma
no hay himnos en la niebla / no hay
    excusas
cada uno se asfixia en su propio fervor

ese fervor cansado / todavía orgulloso
de las ermitas de su tenue memoria
sabiéndolas inútiles / gastadas
y sin preparación para la muerte

solos aquí y allá / solos de olvido
cada uno en su isla inmerecida
oculto en las arrugas de su fe
exasperado y fiel como una llama

solos aquí y allá sabiendo
que algo nos une y nos convoca
son / somos / sois una tribu de solos
una tribu con vida que convida

sin caciques y sin hipocresía
sin narcisos y sin laberintos
la tribu de los solos se reconoce
en el silencio de su desnudez

El pusilánime

Es difícil decir lo que quiero decir
es penoso negar lo que quiero negar

mejor no lo digo
mejor no lo niego

La misma pócima

Los malos hábitos de un siglo pánico
vuelven quimérico todo diagnóstico
pero en lo íntimo me viene el pálpito
de que los crápulas viajan de incógnito

en nuestra módica tierra de náufragos
dios es el bárbaro de la película
buenos propósitos hacen de bálsamo
con una fórmula casi ridícula

las viejas cábalas de uso pragmático
brujas pálidas vienen en ráfagas
y es anacrónico según heráclito
usar dos rápidos del mismo niágara

siglo prostíbulo con cien teléfonos
y alguna brújula de norte hipócrita
brinda con clásicos y nuevos métodos
en otra cápsula la misma pócima

Pasos

Con sus pasos enanos se va acortando
    el tiempo
y en esas brevedades ya no hay
    revelaciones
apenas un caudal de sentires lacónicos
que vamos escondiendo con un pudor
    fluvial
tal vez porque no somos expertos en
    recelos

de pronto aquellos pasos enanos se
    agigantan
las jornadas maduras caen como
    castañas
un pobre sol en franjas nos entibia la
    nuca
los recuerdos descalzos tienden a
    conmovernos
y los viejos enigmas se abren sin aviso

las maravillas últimas se acaban pero
    quedan
sus huellas imprecisas junto al álamo
    seco
a menudo las manos se azoran /
    destempladas
pero los dedos pálidos / endebles /
    inseguros
todavía se atreven a desafiar el fuego

Nada más que un búho

Este es el epicentro del insomnio /
la luna que atraviesa las persianas
pone rejas en la pared del sur /
el cielo raso está desvanecido

repaso los centímetros del día
cuento hasta mil doscientos treinta y ocho
pongo a saltar canguros y koalas
ya que los corderitos se cansaron

susurro nombres que empiezan con
      hache
rememoro boleros / valsecitos
tangos / milongas / liras de fray luis
dos estrofas del himno / una balada

voy cerrando los ojos despacito
pero el sueño no llega / ni siquiera
lo espero con codicia / no lo espero
soy el rey del insomnio / soy un búho

han vestido de oscuro la vigilia
desde la calle sube un gran vacío
por la ventana entran los silencios /
son el lenguaje oculto de la noche

sé que antes del alba he de dormirme
sé que antes del alba he de dormirme
lo repito a ver si me convenzo
sé que antes del alba he de dormirme

y dormido por fin acaso sueñe
que soy un búho / nada más que un
búho

Pájaros

Hace ya varios siglos
que pájaros ilustres sobrevuelan
los predios de la vasta poesía

la golondrina el ruiseñor la alondra
la calandria el jilguero el picaflor
el cuervo la oropéndola
y por supuesto el ave fénix
han sido convocados por poetas
para probar sus bosques
ornamentar sus cielos
y rellenar metáforas

yo aquí rompo una lanza
por los discriminados / los que nunca
o pocas veces comparecen
los pobres pajaritos del olvido
que también están llenos de memoria

por eso aquí propongo
al canario el gorrión el tordo el mirlo
la viuda el estornino el cardenal
la tórtola la urraca el hortelano
el martín pescador el benteveo
para que alguna vez entren al verso
aunque tan sólo sea / como en esta
       ocasión
por la modesta puerta de servicio

Test

Hoy me hicieron el test / el decisivo
tengo alergia a la nuez al humo al polvo
a la estremecedora belleza de la iguana
y al concierto de piano de rachmáninof
a las bruscas galernas de noviembre
y al importuno celo de los oportunistas
a la oculta violencia de los conciliadores
al papamóvil y a las pompas fúnebres

hoy me hicieron un test / todo está claro
tengo alergia a la soja al ácaro y al moho
a risas y sonrisas de hienas y giocondas
a la mano que esconde napoleón bonaparte
a la otan el usis el kgb y la cia
y al inútil paraguas contra el viento
al débil sindicato de los zánganos
y al matriarcado de la abeja reina

hoy me hicieron el test / al fin me entero
tengo alergia al coñac / al tomate / al tanino
a los monos en jaulas / al doblaje en el cine
a la picana eléctrica / a la hora del ángelus
y hasta a los presidentes con pulcro bisoñé
al opus dei y a los posmodernistas
a los gaudeamus y a las cuchipandas
y / no faltaba más / a los tests sobre alergias

Altri tempi

Cuando usaban los mozos chisteras o som-
    brero
protegían mejor sus turbios pensamientos
ahora los exhiben desenfadadamente
en sus esplendorosas calvas a la intemperie
y de inmediato acuden los buitres helicóp-
    teros
para fotografiarles los enigmas completos

cuando usaban los mozos corbatas de moñita
se mantenían pulcros a la espera de algo
por ejemplo al acecho de la hija segunda
de un señor con barracas en la calle rondeau
pero si un hermanito de la niña de marras
tiraba de la moña la ambición se extinguía

cuando usaban los mozos gemelos de oro y
    plata
las mangas impecables de sus blancas camisas
otorgaban un timbre de honor y de abolengo
pero cuando la crisis entraba en el ropero
se hacían de tripas corazón y allá iban
los gemelos auríferos al monte de piedad

Te acordás hermano

¿Te acordás hermano qué tiempos
    aquellos
cuando sin cortedades ni temor ni
    vergüenza
se podía decir impunemente pueblo?
cada uno estaba donde correspondía
los capos allá arriba / nosotros aquí
    abajo

es cierto que no siempre
logró colarse el pueblo en las
    constituciones
o en las reformas de constituciones
pero sí en el espíritu de las
    constituciones /
los diputados y los senadores
todos eran nombrados sin boato
como representantes de ese pueblo

ahora el requisito indispensable
para obtener curules en los viejos
    partidos
y algunos de los nuevos
es no pronunciar pueblo
es no arrimarse al pueblo
no soñar con el pueblo

incluso hubo un ministro mexicano
(sabines dixit) que en el sesenta y ocho
unos meses después de tlatelolco

dijo / con el pueblo me limpio el culo /
después de todo el tipo era sincero

por otra parte en las obras más doctas
de los historiadores con oficio
el pueblo aún figura en las notas al pie
y en el último tramo de la bibliografía

pero el voquible pueblo / en general /
es contraseña de las catacumbas
de los contactos clandestinos
de las exhumaciones arqueológicas

de vez en cuando surge un erudito
que descubre que engels dijo pueblo
que gramsci el che guevara y rosa
        luxemburgo
que mariátegui y marx y pablo iglesias
dijeron pueblo alguna que otra vez

y ciertos profesores que todavía tienen
en sus almarios un pañuelo rojo
llevan a sus alumnos al museo
para que tomen nota disimuladamente
de cómo eran las momias y los pueblos
y claro los muchachos que absorben
        como esponjas
se levantan sonámbulos en mitad de la
        noche
y trotan por los blancos corredores
diciendo pueblo saboreando pueblo

mas como en la vigilia vigilada
ya nadie grita ni murmura pueblo

hay en las calles y en las plazoletas
en los clubes y colegios privados
en las academias y en las autopistas
una paz algo densa / a prueba de
    disturbios
y un silencio compacto / sin fisuras
algo por el estilo del que encontró neil
    armstrong
cuando anduvo paseando por la luna
    sin pueblo

Conservadores

Como es de público desconocimiento
somos conservadores
pero conservadores
cuando priorizamos la oxidación del
      dinero
cuando ensalzamos la angustia del
      patrimonio
cuando nos incomunicamos desde las
      tradiciones
cuando nos hiere el látigo de lo que
      renace
cuando nos da vergüenza llorar
o cuando lloramos de vergüenza

pero no sólo eso

como es de público desconocimiento
somos conservadores
pero conservadores
cuando reclamamos la existencia de
      dios
cuando nos ocultamos tras la barricada
      de la envidia
cuando nos enfermamos de
      intolerancia y asco
cuando nos crispamos porque sí
cuando nos crispamos porque no
cuando olvidamos los cuerpos del
      exilio y del delito
cuando negamos la otredad del otro

somos conservadores / nos inquieta
que el tiempo nos dé vuelta como a
una media

El porvenir de mi pasado

¿Cuál será el porvenir de mi pasado?

JOSÉ EMILIO PACHECO

¿Qué remoto corpúsculo de amor
se abrirá paso entre las fobias de hoy?
¿llegará como pájaro aterido?
¿como nube moribunda de lluvia?
¿como rayo sin trueno?
¿como canción sin voces?

las palabras que dije alguna vez
en un abrir y un cerrar de odios
¿volarán sobre el alma actualizada
hasta posarse en la tristeza nueva?
¿o pasarán de largo sin siquiera
   mirarme
como si este servidor no las hubiera
creado / pronunciado?

los labios que besé o que me besaron
¿recordarán la mística elemental del
   beso?
¿traerán consigo un llanto atrasadísimo
y lo echarán en mi buzón de tiempo?
¿o vendrán sólo como apariciones
a reencontrarse con mi amor poquito?

las cicatrices que creí olvidadas
¿se abrirán como ostras sin su perla?
las cicatrices mías o de otros

¿recordarán las gotas de su sangre?
¿o cerrarán de nuevo y para siempre
los acueductos del dolor insomne?

hay una cosa al menos que está clara
el breve porvenir de mi pasado
tiene poco que ver con mi presente
este presente que en definitiva
es aún intocable y viene a ser
sólo el pasado de mi porvenir

AGUAS JURISDICCIONALES

Dice el hombre en la orilla

Me enamoré hace mucho de la mar
transparente y sin dioses
y como es trampa y ley de los amores
me enamoré temiéndola esperándola

a veces era el mar azul
pero otras veces la mar verde
y es obvio que no son lo mismo
siempre elegí la mar matriz
la MarElla esa bóveda materna
(de materna a mar tierna sólo median
dos o tres pleamares)

cuando llega el MarÉl atronador
rompiente poderoso
yo me tiendo y espero
sobre las dunas neutras sabedoras

no voy a caminar sobre las aguas
como hizo el fundador de los milagros
hundirse en ellas es ahora
el milagro posible
por eso aguardo
sobre la arena volandera

a que acuda la MarElla la tierna
lúbrica gozadora bienvenida
acariciante espléndida desnuda
o apenas guarnecida de algas y coral

y al llegar finalmente la MarElla
desciendo como un pez a su caverna
y después de tendernos en su lecho de
     sal
la remonto con todas mis nostalgias
las de agua y las de tierra
y al MarÉl le reservo
cornamentas y celos

Náufragos

Las voces ya no llaman / ya no piden
el cielo está crispado y sin auxilio
jadea el viento harto de palabras
hay ausencias que cercan que respiran

no es un naufragio de los de antes
es decir oceánico y famoso
es un naufragio en tierra y por lo tanto
los salvavidas son inútiles

las víctimas no rezan ni se entregan
pese al fragor del odio subterráneo
ya nadie es dueño de una larga historia
nadie salpica al otro con su piedad
      borracha

cada uno restaura como puede
su tiniebla fragante
su estación cegadora
sus desesperaciones

o sea es un naufragio en el olvido
sin justicia ni faros a la vista
en el pasado esperan sombras
los salvamuertes son imprescindibles

Lluvia sobre el mar

Como un eco del trueno
se oscurece la noche
pero la lluvia en celo
provoca al horizonte

el diluvio piadoso
se prodiga en el mar
con barras transparentes
y espadas de cristal

la lluvia hace pocitos
en el mar sigiloso
y cada gota se abre
en un caleidoscopio

la lluvia empapa al mar
lo viste y lo desnuda
sin cuidarse del faro
borracho en su burbuja

sirenas y delfines
se pasan sus alarmas
y huyen a esconderse
en sus bosques de agua

y así hasta que las nubes
se hartan de la lluvia
y el mar se vuelve amparo
y espejo de la luna

Una gaviota en el lago Leman

Esta ciudad en la que lenin
aprendió a esperar
y en la que borges vino a morir como
los elefantes a su cementerio
esta ciudad se contempla en su lago
y se juzga prolija unánime suntuosa

el jet d'eau hace gárgaras
más vertical que nunca
las gaviotas planean
astutas elegantes memoriosas
los gorriones se agrupan
obesos de migajas
los cisnes sacan cuentas
y sin nadar aceptan
que la mansa corriente los arrime
hasta el puente mont blanc

la sístole y la diástole
del mercado infinito
asumen los latidos
de longines hanowa
patek philippe movado
piaget rolex omega
philippe charriol tissot

sólo rompe el encanto
de la calma de estío
una gaviota loca o borracha o enferma
que abre el pico y se queja

y su voz no es de ave
es el duelo de un mundo
que vomita tristezas
en el rostro impasible
maquillado
del orden

El ojo del pez

El ojo de este pez que aún se agita
no evoca desconcierto sino
      confirmación
de sus presagios sobre el pobre mundo

el ojo del pez mira
a través de los cuerpos

su milenaria experiencia de sal
le ha otorgado esta trémula pasión de
      la agonía
y a través de los cuerpos su mirada
      penúltima
va dejando legados de abras y resacas

el ojo del pez mira y no se apaga
ni siquiera bajo el don de la lluvia
ese siempre esperado
mar de arriba

el pez ya no se mueve ni boquea
pero aun desde el velo de su amnesia
desde el abismo de su poca muerte
el ojo del pez mira mira mira
y es penoso sostener su mirada

Mar de la memoria

Cuando se ha visto la sangre,
en la soledad no hay río
del olvido.

RAFAEL ALBERTI

Es cierto / rafael / no hay un río
del olvido / hay mar de la memoria /
ese que trae amor fatigas gloria
o un privilegio cándido y tardío

el exilio fue siempre un desafío
una deuda sin paz ni moratoria
vaya a saber resaca de qué historia
entre tu mar de cádiz y el mar mío

a la ausencia no hay quien se
        acostumbre /
otro sol no es tu sol / aunque te
        alumbre /
y la nostalgia es una pesadilla

sabemos que ahora vives años buenos
mas seguimos echándote de menos
allá lejos y verde / en nuestra orilla

Buenos días Gabriel

Las olas son las olas.

Gabriel Celaya

Tres poetas en uno / semillero
de tantos más / tu ánima insumisa
se topó con la muerte en su pesquisa
y la puso a cuidar tu invernadero

especialista en empezar de cero
detonaste la bomba de la risa
sin dios ni espejismos y sin prisa
perro viejo / filósofo / ingeniero

fiel a tu gente / a amparo / y a ti mismo
a pesar de tus ráfagas de triste
te encaraste jovial con el abismo

hombre en medio del mundo y
       hombre a solas
junto al mar fuiste humilde y escribiste
simplemente / las olas son las olas

La creciente

De pronto comenzaron
a llorar las criaturas
los perros en el ángelus
las vírgenes propensas
los ancianos a término
y los sauces llorones

y también empezaron
a llorar las paredes
las tejas las cebollas
los lirios los paraguas
las proas de los barcos
el invierno inminente

y por fin se lanzaron
a llorar las veletas
los desaparecidos
las nostalgias los tréboles
los deseos errantes
tus ojos y mis ojos

y en consecuencia el mar
fue creciendo y aullando
poderoso de triste
y la playa no supo
qué hacer con tanto llanto

Luna de idilio

La distancia entre el mundo
que atruena con campanas
y el otro mundo / el que solloza apenas
¿será equivalente a la que media
entre el excesivo odio amoroso
y el flaco amor odioso?
¿dará lo mismo refugiarse
en el seno aterido de la comunidad
que esconderse en el otro seno el tibio
y tan dulce de la mujer amada?

la luna del idilio no se ve
desde los helicópteros

en los escasos raptos de sagrada
        vergüenza
uno quiere cambiar de veras y de
        sueños
pero en los arrebatos de filtrado orgullo
uno quiere cambiar
sencillamente quiere cambiar el
        universo
y es justamente entonces cuando el
        odio no puede
privarse del amor

si me despierto odiando
sé que acabaré amando a la hora del
        crepúsculo
de lo contrario no podría

sobrevivir ni sobremorirme
después de todo el odio sólo es limpio
cuando nos deja algún agujerito
para vichar los pechos del amor

la luna del idilio no se ve
desde los helicópteros

Llueve con flechas rotas

Llueve desaforada / deshilachadamente
llueve con flechas rotas / con gorriones
llueve con las noticias del otro y de
    este mundo
llueve con ojos secos tristemente
llueve con mariposas y pronósticos
llueve con bodegones y rehenes
llueve con ganas
desganadamente

no sé por qué la lluvia llueve
es decir no sabía
hasta que lo explicaste con lujo de
    detalles
en el oscuro pizarrón de siempre
pero en el pizarrón de siempre
nunca llueve

TRISTEZAS/ALEGRÍAS

Vísperas

(26 de noviembre de 1994)

Hasta ayer instalaron confesiones
y ofertas en el living de mi alma /
tomaría una caña pero hay veda
de paciencia pronósticos y alcohol

he de reflexionar porque mañana
deberé elegir como un daltónico
entre todas las flores del pincel
entre los buitres y los heminópteros
entre la salamandra y el tatú

creo que finalmente votaré
por la sabia orientación de las aves
por la benevolencia de la lluvia
y el sentido de humor de los delfines

votaré / si me dejan / por la suerte
por los tímidos pechos que se
        esconden
y los pechos alegres que convocan
por las huellas del solo y también por
las ovejitas negras y por la mosca
        blanca
por los indios de chiapas y por juan
        veintitrés

y después de pesar los pros y contras
votaré por la vuelta de mambrú

por el río de heráclito
y la trucha de schubert
votaré por melchor y alí babá
por venus y espartaco

y una vez concluido el escrutinio
fruto de leyes bulas providencias y
    ardides
democráticamente acataré
el fiel caleidoscopio
de mis nuevas y queridas derrotas

Duendes de nunca

Sólo cuando el ciclón / avergonzado
de su servil escándalo de agosto /
se abandona en un último jadeo
las ideas se tornan macilentas
penitentes / resecas / agobiadas
y en nuestras manos torpes
se hacen menos profundas
las líneas de la vida y de la muerte

no obstante si se extiende el temor / la
    salmodia
crepuscular se hace más nítida /
la soledad fulgura en sus cristales
pájaros aturdidos comparecen en
    ráfagas
y el aire es a la vez hediondo e
    inocente

es el turno de usarnos sin dios y sin
    pasado
ahora que hasta el tiempo es bálsamo
    y ofrenda
y pasaron los cielos y pasaron los ríos
y los hechiceros suspendieron sus
    cábalas
y los siete pecados capitales son cuatro
quizá sea el momento de acudir a la
    cita
con la infancia de veras y sus duendes
    de nunca

Fuego mudo

A veces el silencio
convoca algarabías
parodias de coraje
espejismos de duende
tangos a contrapelo
desconsoladas rabias
pregones de la muerte
sed y hambre de vos

pero otras veces es
solamente silencio
soledad como un roble
desierto sin oasis
nave desarbolada
tristeza que gotea
alrededor de escombros
fuego mudo

Solazarte en ellas

¿Cómo puedes manejar las palabras
desactivarlas solazarte en ellas
cómo puedes dejar que las palabras
se evadan de tu corazón empecinado
y hagan dibujos en el aire sucio
si estás viendo que la infancia se hace
     trizas
y el futuro es un potro desbocado
y los tiernos fantasmas de antaño
son ahora monstruos de ocasión
y el poco aire se ha vuelto
     nauseabundo
y la almohada de fondo en que te
     duermes
se humedece de miedo noche a noche?

¿Cómo puedes dejar que tus palabras
te mientan y te olviden y te pudran?

Burbuja

En el silencio universal
por compacto que sea
siempre se escucha el llanto
de un niño
en su burbuja

Tristezas/alegrías

El goce siempre supo tratar a la tristeza
meterse en ella / desguazarla
aprovechar lo mejorcito de su pena
y hasta robarle lágrimas porque
          después de todo
la gente también llora de alegría

el goce siempre supo que la tristeza era
sólo una favela del corazón /
que hay quienes se suicidan por exceso
          de euforia
y que aun los más tristes de los tristes
no renuncian a sus planes de júbilo

por su parte la tristeza ha aprendido
que la alegría tiene patas cortas
que es posible enfriar sus arrebatos
deslizarle serpientes en mitad de tu
          sueño
o cambiarle seguro por quizá

al menos la tristeza conoce sus
          fronteras
tiene clara conciencia de que en última
          instancia
más allá del gemido está la pálida
y es capaz de endeudarse con el goce
pero no de aceptar su diezmo
          corruptor

verbigracia una dulce mujer puede
    tener
un pecho triste y otro alegre y ello
se advierte en el sabor de sus pezones /
y verbigracia dos / un hombre puede
tener una erección hipocondríaca
y otra de quinto cielo o de antigua
    pericia

pero si la tristeza y la alegría
comparten gestas menos rutinarias
lo más probable es que dios y el diablo
recíprocamente se consuelen

La noticia veneno

No hay vacunas contra la noticia
    veneno
la noticia veneno asombra
desinfecta propone soslaya
siempre nos toma desprevenidos
y se opone a que hagamos nuestros
    cálculos
cuentas claras conservan enemistades

la noticia veneno sube sus decibelios
y nos rompe los tímpanos como el
    rock más duro
con sus buenos modales nos aturde
con su amenazario nos espolea

la noticia veneno llueve a cántaros
sobre los mendigos y los potentados
pero sólo éstos saben que es mentira

la noticia veneno ha ensayado con
    éxito
el falso tonillo de lo verosímil
y tal vez por eso enloquece a los
    cándidos
entristece a los tristes

como es obvio la noticia veneno
será finalmente desmentida
para gloria y prez
de los sobrevivientes

Sequía

No llueve
hace ya meses que no llueve
los pastizales y los bosques arden
cuando los roza el fósforo del sol

también los corazones están secos
hace ya mucho que no llueven sueños
pero los corazones no se incendian
cuando los roza el fósforo del sol

Cuento de hadas (tango)

La primavera frágil / la primavera loca
pacientemente escucha y atiende mi ojalá
con su verde más verde me mira y me con-
    voca
y decide orgullosa que esta vez no se va

y así / para mi asombro / me quedo sin in-
    quinas
y reparto dulzuras a la buena de dios
los faroles me alumbran en todas las esqui-
    nas
y aprendo lentamente a cantar con mi voz

así veo que el mundo despacito mejora
que el placer no me deja la menor cicatriz
que el azar es mi amparo y ha llegado la
    hora
de ser / entre otras cosas / nuevamente feliz

y así el amor de veras me descubre y me toca
y comprendo de pronto que por fin soy audaz
el amor me sorprende pero no se equivoca
cuando te echa de menos / cuando te pide
    más

si hablás desde la orilla / el mar siempre res-
    ponde
con la misma inocencia de tu vieja niñez
si los barcos te llevan / no te dicen a dónde
no te dicen a dónde pero vos lo sabés

y al fin cuando otro tiempo / de lunas con-
 geladas
barre la primavera / esa loca de atar
ella escapa cobarde / con su cuento de ha-
 das
y te deja sin sueños sin amor y sin mar

y así vuelven el tedio la rutina y la rabia
mientras crece el espanto en su oscuro país
y la memoria ajada y la tristeza sabia
me cubren con su cielo desangelado y gris

La crisis

Wall street especula con la inquina
en tokio sube el miedo sísmico
la OCOE y el FED se dan mutuo
    consuelo
el SIPRI y el SCAF polemizan sobre el
    SHAOB
entre el NAFTA y la nafta retoza el PRI
el FMI sostiene el DEG
el PNB se aleja del PIB

pese a todo los delfines recapacitan
deciden amansar a sus mentores /
en el mercado del humo y del consumo
fluctúa el valor de la artimaña
el esplendor de los menesterosos
opaca a los ricos de solemnidad

pero los desaparecidos no aparecen
el imperio renueva su carnada
la santa sede se desprende de cristo
el muro de berlín se esparce en mil
    reliquias
nunca luce un futuro
nunca se abre el amor
vaya vaya con esta crisis
tan vacilante tan impresentable

Ven dulce vida

Ven dulce vida / nunca es tarde
salta sobre las vallas de aflicción
sobre las confidencias del escombro
sobre los odios vestidos de blanco
y las coronas de crisantemos

dulce vida vení
con tus amores de estraperlo
tus lozanas noticias libertinas
tu memoria frutal
tu noche de las paces
vení con lluvia y sin diluvio
con sol y sin incendios

vení aunque te detengan
aunque te inmovilicen
en las ruinas del cielo
en la absurda pereza de la muerte

dulce vida vení
echate al hombro los fracasos
vení con tus trocitos de martirio
con tu sed y tu hambre venerables
con tu postal de mar
con tu bosque de vuelos
apurate y vení
antes de que la sangre se coagule
las bisagras se oxiden
la voz se vuelva un hilo

DISTANCIAS

Menos tiempo que lugar

Less time than place, less place than thought of place
And, if of substance, a likeness of the earth,
That by resemblance twanged him through and through.

WALLACE STEVENS

Lo propone el laúd / lo dice el péndulo
lo arrincona la noche / lo usa el río
el tiempo es una calma artesanal

hay montones de cielo en la ventana
luces que pasan como golondrinas
voces de padresnuestros y de réquiem

hay menos tiempo que lugar / no
      obstante
hay lugares que duran un minuto
y para cierto tiempo no hay lugar

lo propone el ritual / lo dice el faro
lo repite el viajero / lo aprende el
      nigromante
el tiempo es una calma artesanal

Unanimidad

A joaquín manso
siempre lo había conmovido la unanimidad
gracias a ella no se había fatigado en decir
    quién sabe
alzaba su voz de falsete en el coro de los
    hurras
participaba en los brindis de los alabanceros
y a menudo pernoctaba en tiernas pesadi-
    llas

a joaquín manso lo entusiasmaba la unani-
    midad
se sentía arropado en las aprobaciones ex-
    haustivas
feliz de no dudar / de no afiliarse a la sos-
    pecha
de no objetar ni desmentir a nadie
dichoso de que otros decidieran por él

joaquín manso sentía la unanimidad como
    una vocación
como una laguna de recreo en plena ca-
    nícula
como una recompensa de los dioses uná-
    nimes /
siempre la prefirió a la transigencia del con-
    senso
y sobre todo a la fragilidad de las mayorías

por todo eso el día que se distrajo y sin mala
    leche
hizo algo que lo diferenció de sus colegas
    de plural
a joaquín manso le sorprendió que ellos
sin tener para nada en cuenta su currículo
lo condenaran por unanimidad

Distancias

Lejos permaneció la cercanía
de antaño / y la de hoy / desorientada
inaugura precoz su retirada
y se pierde en su propia lejanía

toda vez que el ahora se vacía
en cada noche sin fulgor / en cada
asombrosa vislumbre de la nada
deja entrever que existe todavía /

el presente envejece en un instante
y escondido en ayeres desparejos
se nutre de pasado / dios mediante /

el tiempo así regula sus manejos
y antes de que la bruma se levante
cada cerca se instala en otro lejos

El autor no lo hizo para mí

El autor no lo hizo para mí / yo
    tampoco
lo leo para él / yo y el libro
nos precisamos mutuamente / somos
una pareja despareja /

el libro tiene ojos tacto olfato
hace preguntas y hace señas
puede ser una esponja que me absorbe
o un interlocutor vacío de prejuicios

el libro y yo tenemos un pasado
en común / con frutales seducciones
yo a veces le confisco a madame
    bovary
y él me despoja de ana karenina /
si nos empalagamos de esos amores
    yertos
ya somos otros y nos reconciliamos

el libro me provoca / me arranca
    confesiones
y yo le escribo notas en los márgenes
es una relación casi incestuosa
nos conocemos tanto que no nos
    aburrimos
él me describe cielos incendiados
y yo se los extingo con lágrimas
    marinas

no lo hizo para mí / ¿será por eso
que el rostro no me importa? / es un
        enigma /
yo sólo quiero descifrar el libro
y quedarme en su vida hasta mañana

Poeta menor

La meta es el olvido.
Yo he llegado antes.

J. L. BORGES, "UN POETA MENOR"

Alguna vez le han dicho
en clave de odio manso
que es / que siempre ha sido
un poeta menor

y de pronto ha notado
que se sentía a gusto
en ese escalafón

en los años de vuelta
es muy gratificante
ser un poeta menor

cuando lee y relee
a sus poetas mayores
y dialoga con ellos
ya no de igual a igual
sino entre desiguales

asume sin recelo
la distancia cordial
y también sideral
que lo separa de ellos

lo bueno lo mejor
es que en esa distancia
no circula la envidia

los poetas mayores
son mayores de veras
entre otras razones
porque se los compara
con los poetas menores

su genio es la ventaja
sobre los desvelados
que hacen mala letra
por vocación y a veces
por equivocación

después de todo ¿qué
sería de los poetas
mayores sin los poetas
menores
sin su aliento?

los poetas menores
escriben a menudo
por amor / por temblor
y llaman al pan pan
o viceversa al vino vino

hacen versos a solas
en las terrazas
en los aeropuertos /
construyen sus silencios
en medio del fragor

y llenan de palabras
la cautela

ciertos lectores dicen
que son casi como ellos
(son lectores menores
por supuesto)

unos y otros admiran
a los poetas mayores
y se nutren con citas
de sus obras completas

en los años de vuelta
es muy gratificante
ser un poeta menor

La poesía no es

La poesía no es un filtro de las cosas
ni un raro sortilegio ni un consejo
    rotundo
no está obligada a dar un mensaje
    profundo
ni a extraer del olvido las palabras
    ociosas

no es aurora de fuego ni boceto de
    diosas
ni suele describir los vitrales del mundo
no tiene por qué ser morral de
    vagabundo
y sin duda no es un camino de rosas

todo eso que no es ocupa larga lista
sin reglas definidas / poco
    convencional
más o menos un reto para el
    coleccionista

en cambio lo que es imprime su señal
y en el nuevo paisaje que propone el
    artista
la poesía asume su invento de lo real

Réquiem por Ayrton Senna

Anoche cuando supe que ayrton senna
se había inmolado en el circuito imola
me invadió una lástima polvorienta
una tristeza residual

nunca sentí admiración por la fórmula uno
pero este paulista temerario y eufórico
que retaba a la muerte en bólidos de fuego
dilapidaba un coraje tan tercermundista
que había que apoyarlo cuando por ejem-
    plo
sometía al primer mundo de alain prost

biografía de horizontes curvilíneos
jalonada de triunfos in extremis
transcurría allá lejos / caliente de amenazas
aerolito terrestre y chamuscado
descreído y creyente / despiadado y piadoso
artesano de su propio martirio

intempestivo y drástico / veloz como un so-
    llozo
se salió de la pista y de la primavera
los sueños se quedaron sin vanguardia
ya nadie habrá de izarlos a trescientos por
    hora
y en tanto los profesionales del exceso atur-
    den
enmudecemos de homenaje y pena

Retrato de verdugo con loro

Loro no me grites
loro callaté
por favor no abuses
de mi buena fe

no me desprestigies
eso no está bien
loro te lo advierto
por última vez

no lastimé a nadie
a nadie maté
y de todos modos
te recuerdo que

ése es un pasado
que no ha de volver
por algo los sabios
dijeron amén

sin embargo a veces
me pregunto quién
te habrá contagiado
todo ese desdén

loro bruto mira
que no me olvidé
de las viejas tretas
que fueron mi ley

así que no insultes
loro de cuartel
que si no te callas
te degollaré

Canción de cuna
para un dinosaurio

Duérmete dino ya no eres presagio
ya puedes descansar por dos milenios
has cambiado de envase y de epopeya
los endriagos suplentes te persiguen

duérmete saurio ya no eres historia
tu envergadura es poco clandestina
tu miseria enternece hasta a los pájaros
a nadie asusta tu carantamaula

duérmete dino y sueña con nosotros
el mesozoico se quedó allá lejos
duérmete saurio con tus huesos huecos
antes de que te quiten lo bailado

Semáforos

Semáforos

Rojo / como el que más /
radiante vino rojo
la herida de las vírgenes
el crepúsculo fucsia
el toro ya vencido
el corazón abierto
la rosa incandescente
el domingo que nace
rojo en el almanaque
el flamboyán de fuego
el balcón de geranios
la llama de tus labios

verde / como el que menos
vas respirando el árbol
descalza / sobre el césped
verde mediterráneo
verde desesperanza
verde de hoja y rocío
del azar paño verde
del loro de flaubert
de cezanne / de sillanpää
de juncos / de lisboa
del manto de los sueños
de tus ojos de miedo

¿Nacido cuándo, dónde, por qué?

Geboren wann und wo, warum?
nach Antwort schnappte, beichtete mein Stiff

GÜNTER GRASS

Nacido como todos de un deseo
en la noche trivial y en la distancia
de la nada de ozono transeúnte
desnudo desde el vamos / aprendiz
de desdicha de culpas de inocencia
de goce cándido y dolor salvaje
nacido libre sin saberme libre
en la mirada abarcadora ciego
dueño precoz de una extinción remota
nacido al aire opaco y a su asfixia
a la dulzura de un pezón de néctar
a los enigmas de recién llegado

¿cuándo? ¿dónde? ¿por qué?
la parcela de siglo reservada
para ese nacimiento era maleza
borde revelador / caos sin mayorazgo
no se habían inventado todavía
napalm ni delfinarios
el sur estaba a prueba

¿dónde no fue? en el soplo del espacio
rodeado de gaviotas honorables
todo un hijo putativo del mar
¿cuándo no fue? en la navidad del perro
en la pascua del gato
o sea en el reino de los fieles

y entonces ¿dónde fue? a trasmano
entonces ¿cuándo fue? hace mucho
en resumidas cuentas
¿por qué? ¿por qué? ¿por qué?
ah corazón ¡si lo supiera!

Tributo

a yoyes

Cuando aquella muchacha aquella taumaturga
aún no había empezado a ser cadáver
recibía diversos homenajes y ofrendas

en la ribera el agua lamía sus tobillos
las gaviotas planeaban y hasta las golondrinas
regresaban mucho antes de la fecha acordada
los naranjos le daban sus gajos predilectos
el césped se volvía más verde ante su paso
los picaflores y los papalotes
cooperaban en riesgos compartidos
y alguna que otra nube brindaba un aguacero
para limpiar el aire de amenazas

y sin embargo la balearon
por la espalda por nada y por las dudas
junto a su niña frágil

las gaviotas se han ido
y hasta las golondrinas
han resuelto quedarse en sus exilios
el naranjo y el césped se secaron
descienden las cometas de colores calientes
las nubes indignadas ya no lloran
y alguno que otro poeta va dejando
cada tributo en su memoria intacta
cada versito en su cadavercito

Irrespirable

Escombros de carbón
basuras de la ciencia
abandonos nucleares
sabores repugnantes de la nada

un cielo protector siempre al acecho
la asfixia de los códices no escritos
el humilde presagio de las fosas
la gran terraza de la corrupción
la propuesta ritual de la ceniza

rutina de la ruina
sol a solas
gemido en si bemol
hondo animal de fondo la pobreza

cierto que el aire está
contaminado
pero ¿de qué?

Ayer

Ayer pasó el pasado lentamente
con su vacilación definitiva
sabiéndote infeliz y a la deriva
con tus dudas selladas en la frente

ayer pasó el pasado por el puente
y se llevó tu libertad cautiva
cambiando su silencio en carne viva
por tus leves alarmas de inocente

ayer pasó el pasado con su historia
y su deshilachada incertidumbre /
con su huella de espanto y de reproche

fue haciendo del dolor una costumbre
sembrando de fracasos tu memoria
y dejándote a solas con la noche

La pena

La pena aletea como un fuego fatuo
sobre los cementerios y otras verbenas
es un fantasma de mejillas blancas
que se duele de todos y de nadie

la pena sueña con amaneceres / llora
con los ojos secos de tantísimo paisaje
y oculta tras el biombo de la
     madrugada
revisa sus miserias y dispensas

la pena hurga en las cenizas del placer
amura a la percanta que amuraba
amora con los gatos en las azoteas
y está más desahogada que en invierno

la pena vuela herida de agonía
sobre el manso país de suelo verde
mientras va deshojando las furias
que la trajeron hasta mí hasta vos

Ahí nomás

En el manso dolor que te perturba
cuando asumes lejano cómo vibra o
    jadea
la inocencia del otro

en la desolación convertida en crisálida
en el silencio lleno de palabras nonatas
en el hueco del llanto inmerecido
en tu ausencia de dioses
en la asunción de tus mejores miedos
en tus cenizas de utopía
en tu fe de a pesar / de sin embargo

ahí nomás
precisamente ahí
se oculta / resiste / permanece
la caverna profunda / inexpugnable
que algunos / unos pocos
dicen que es la conciencia

Penúltimo mensaje
del suicida indeciso

¿Qué sinrazones tengo para irme?
vivo colgado del amor y desfallezco
me bato con el prójimo a sablazos
vigilo el horizonte de brujas y acreedores
en vano tallo el grito la roca la paciencia
ya no soporto el mar de los felices
me hundo en el subsuelo de la tranquilidad
soborno a mi conciencia con clemencia y
    basura

todavía no sé si abrir el gas
o volarme la tapa de los sesos

como veréis malditos
se trata del penúltimo mensaje
porque el siguiente / que no el último
apenas si dirá / aquí estoy de vuelta
vida de mierda / dame
por undécima vez
la bienvenida

Adiós a nadie

Nadie sin nada
nadie huraña invisible
evadida silente desprovista
nadie sin nada
hueca
sé que estás a mi vera
sin rostro
sin latido

nadie a quien nadie ha visto
ni oído ni tocado
nadie desangelada
nadie desdemoniada
nadie única eterna inexistente

yo que tarde o temprano seré
    nadie
yo que también soy nadie
hermana
te despido

Anestesia

La anestesia me introduce en una provincia
   de la eternidad
me recompensa con una borrachera de in-
   fancia
no la mía / otra infancia / la que vale
me brinda un perro fiel que corre por la playa
y vuelve a mí con un crucifijo entre los dientes

la anestesia me colma de semáforos verdes
me provee de una blanda paciencia sin razón
   ni motivo
me hace creer que estoy insomne bajo la llu-
   via liberadora
y me deja ceñir sin cauterio ni achaques
la cintura seminal de la única muchacha pro-
   hibida

pero poquito a poco la tramposa
me desampara me abandona me despierta
voy cautelosamente volviendo en mí
y claro la vigilia me aguarda con un dolor es-
   peso
distingo un cielorraso con lamparones de des-
   engaño
y oigo quejidos toses náuseas maldiciones

se trata simplemente
de los que a duras penas llegan
de otras lejanas
anestesias

El mago

Extrae conejitos de una sota de bastos
improvisa palomas desde su manga ancha
introduce a su núbil compañera
con frágiles tetitas y amplias garantías
en baúl carmesí que tiene sus otoños
luego hiere ese claustro con espadas de lás-
    tima
y por fin la rescata sin el menor descuento

un silencio piadoso se desgrana en aplausos /
él sabe que sería mundialmente aclamado
sólo si los remotos huérfanos se madraran
si acaso aparecieran los desaparecidos
o si los ojos de la nuca vieran
igual que los fanales
clarividente de los búhos
o si la sangre armara los tatuajes
de espectros y de espantos
amurados ahora
en el desuso y la vergüenza

claro que el mago sabe qué imposibles
se aguardan de su magia
y entonces de rodillas le pide a su paloma
que retribuya dones y le borre
tanta ausencia de amor y de tristeza

Sueños

Los sueños de la siesta
no son los mismos que los de la noche

sueño en la noche a veces
con tapias / hondonadas
las embestidas del pampero
la lluvia en los cristales
el perdón insolente
y alguna empuñadura que golpea
en este corazón
y no le abro

pero en la siesta sueño
que soy yo mismo duende del otoño
y en consecuencia un eco del aljibe
el viento que se arruga
la salmodia frutal del aguacero
la empuñadura que golpea
en otro corazón
y no me abren

los sueños de la siesta
no son los mismos que los de la noche

sueño en la noche a veces
con equis no zanjadas / con farolas
que parpadean en la bruma
sueño con lúbricas tristezas
con silencios de huérfano
y alguna empuñadura que golpea

en este corazón
y no le abro

pero en la siesta sueño
con el lindo martirio
del amor y otros prófugos
con el beso de lágrimas
con la vida imposible
y con mi empuñadura que golpea
en otro corazón
y no me abren

a qué negarlo
los sueños de la siesta
no son los mismos que los de la noche

Eclipses

El corazón y el sol tienen sistemas
y también eclipses y mala sombra

cuando el sol tempranero ilumina los
    rostros
o el corazón insemina los campos
todo el mundo se muestra generoso
y los cuerpos se vuelven seductores

cuando el sol va encendiendo los abrazos
o el corazón las copas de los árboles
el remolino mundo se descalza y revive
y los cuerpos florecen

cuando el sol ilumina los presagios
o el corazón las palabras del mar
cada mundo nupcial se libra del pudor
y los cuerpos aprenden

pero si el sol o el corazón se esconden
devorados por buitres gigantescos
o tapados por lápidas que son como
    rencores
si el sol de siempre o el corazón se
    apagan
cubiertos por el asco esa neblina
o el silencio infecundo de los gritos
entonces este mundo se detiene azorado
y los cuerpos sucumben en el cepo
    del frío

Nube

La misma nube podría ser
cabeza de caballo o cigüeña de iglesia
flecha de muerte o campana loca
árbol o guirnalda
paloma o jabalina

lo cierto es que la forma
y el contenido de una nube
dependerán de cómo la miremos
por ejemplo desde un dolor inmóvil
o cerrazón de dudas
desde preguntas de humo
o silencios del goce
vaya uno a saber

pero mientras tanto
la nube se ha fugado

Silencio en Deyá

a bud y claribel

The rest is silence dijo el william
pero los decibelios achican ese resto

el estruendo a mansalva que
       sobrevuela miedos
el hervor y el fervor de los estadios
el estampido de las amenazas
el retumbo y el aullido del rock
el altavoz de las homilías
el gargarismo de las metralletas
el matagatos de los demagogos
todo estalla crepita alborota

the rest is silence dijo el william
un resto que es vacío / hueco indócil

sólo en una ocasión rocé el silencio puro
y fue en deyá / un pueblo poco menos
que colgado entre cumbres de mallorca
era noche de otoño y el silencio
el no ruido / el mutismo del mundo
era tan absorbente tan compacto
que no pude evitar meterme en su
       caverna
y desde aquel entonces no he salido

y así mientras mi cuerpo anda / brega
      / porfía

y mi oído recibe y mi voz argumenta
cierta esencia de mí / mi alma o lo que
    sea
se repliega en el tiempo y permanece
alerta en el silencio de deyá

EL AMOR ES UN CENTRO

Bellas pero

¿En qué se asemejan después de todo
esas muchachas sin niebla
de amsterdam madrid parís berna
        florencia
dueñas de esas largas bien torneadas
        piernas
rotundas pese al frío?

¿qué tienen en común esas ex vírgenes
que en el aire otoñal van a su aire
con su muestrario de besos filatélicos
y el vértice de musgo / el bienvenido?

¿por qué transitan móviles esbeltas
gráciles como aves migratorias
seguras de su suerte y de su noche
clandestinas y obscenas en su encanto?

¿será que su prolija geografía existe
gracias a sed y hambre remotas
de pies oscuros en el barro / de
        caminos de irse
de fronteras sin donde?

¿o será que su magia se consume
sin culpa / pero gracias a otros
        mundos
vale decir se nutre involuntariamente
de la vieja fealdad de la pobreza?

El amor es un centro

Una esperanza un huerto un páramo
una migaja entre dos hambres
el amor es un campo minado
un jubileo de la sangre

cáliz y musgo / cruz y sésamo
pobre bisagra entre voraces
el amor es un sueño abierto
un centro con pocas filiales

un todo al borde de la nada
fogata que será ceniza
el amor es una palabra
un pedacito de utopía

es todo eso y mucho menos
y mucho más / es una isla
una borrasca / un lago quieto
sintetizando yo diría

que el amor es una alcachofa
que va perdiendo sus enigmas
hasta que queda una zozobra
una esperanza un fantasmita

Pies hermosos

La mujer que tiene los pies hermosos
nunca podrá ser fea
mansa suele subirle la belleza
por tobillos pantorrillas y muslos
demorarse en el pubis
que siempre ha estado más allá de todo canon
rodear el ombligo como a uno de esos timbres
que si se les presiona tocan para elisa
reivindicar los lúbricos pezones a la espera
entreabrir los labios sin pronunciar saliva
y dejarse querer por los ojos espejo

la mujer que tiene los pies hermosos
sabe vagabundear por la tristeza

La hija del viejito guardafaro

Era la hija del viejito guardafaro
la princesita de aquella soledad

ILUSIÓN MARINA, VALS DE
GERÓNIMO Y ANTONIO SUREDA

Cuando la hija del viejito guardafaro
dejaba el faro y bajaba a tierra
los rudos no podían soportar su belleza
tan sólo la seguían con los ojos y labios
paralizados por su cercanía
y si en la noche hallaban en su cama
a la mujer de siempre no podían
borrar aquel recuerdo y fracasaban

la hija del farero llegaba hasta el mercado
compraba frutas carne pan cebollas
tomates azafrán pollo merluza
vale decir los víveres para cuatro semanas
pagaba y sonreía y emprendía la vuelta
y treinta marineros le hacían un pasillo
para que transcurriera su hermosura
y ella gozosamente transcurría

y si a la noche el faro se encendía
los pescadores y los alfareros
los tenderos y los motociclistas
los viejos verdes y los adolescentes
abrían las ventanas y los párpados
para que así la hija del farero
los envolviera con su luz
inalcanzable intermitente

Eurovisión 1994

Uno cantó / ella no es ella
otra cantó / yo no soy yo

¿será que ya no somos?
¿será que somos otros?

¿será que los candores se escurrieron
y fueron reemplazados
por configuraciones / códigos de fusión?

¿será que nos quedamos
huérfanos de señales
flojos de identidad?

ella no es ella
para él
tampoco es ella
para ella

y ustedes / otros / otros
montoncito de ellos
incendiarios / corruptos /
relamidos / hipócritas /
¿quiénes son? ¿quién
les regaló la suerte?
¿quién les bordó el futuro?
¿por qué no quieren que seamos?
quédate en la hostia / dijo vallejo
y agreguemos / modestos /
    marginados /

sí / quédate en la hostia / aunque sea
una hostia sin dios
tu pan de veras

La octava

Ahora que es el fin
y ya todos las vieron
de perfil y de frente
in pectore y al dorso
en tules y de largo
no pueden caber dudas
la reina es la más linda

ah sí / pero la octava
la octava de la izquierda
tampoco caben dudas
ésa es la cautivante
sus dos centímetros de menos
sus seis centímetros de más
como decía el viejo nietzsche
la hacen humana demasiado
    humana

la reina es la más linda
pero la octava de la izquierda
es la más seductora

quién podrá resistirse
a sus labios en pena
sus ojos de vencida
su tristeza en bikini

Tan de veras

Lejos quedó el exilio
descubierto en ensueños brumosos
o cubierto de olvido
un jardín más o menos irrisorio
del que tomamos cuatro rosas
y las miramos y cantamos y usamos
hasta que perdieron argumentos y
     pétalos

es posible que hayamos olvidado
sus esquinas sus túneles sus mendigos
sus cielos sin cometas sin estrellas
sus quietudes del alma y sus estruendos
mas no olvidaremos sus consolaciones
el gozne de sus manos abriéndose
sus pupilas de locura manirrota
su lástima y su risa tan de veras

Almohadas

Nunca me ha sido fácil
encontrar la almohada
adecuada a mis sueños
a su medida exacta

en la cabeza noche
se cruzan las fatigas
se ahondan las arrugas
de la pobre vigilia

en la cabeza noche
huyen despavoridos
los árboles los muros
los cuerpos de aluminio

yo no elijo mis sueños
es la almohada / es ella
la que los incorpora
en desorden de feria

mucho menos elijo
las pesadillas locas
esos libros del viento
sin letras y sin hojas

pero al cabo de tantas
almohadas sin cuento
sin historia y sin alas
como siempre prefiero

la de tu vientre tibio
cerca cerca cerquita
del refugio imantado
de tus pechos de vida

Señales

En las manos te traigo
viejas señales
son mis manos de ahora
no las de antes

doy lo que puedo
y no tengo vergüenza
del sentimiento

si los sueños y ensueños
son como ritos
el primero que vuelve
siempre es el mismo

salvando muros
se elevan en la tarde
tus pies desnudos

el azar nos ofrece
su doble vía
vos con tus soledades
yo con las mías

y eso tampoco
si habito en tu memoria
no estaré solo

tus miradas insomnes
no dan abasto

dónde quedó tu luna
la de ojos claros

mírame pronto
antes que en un descuido
me vuelva otro

no importa que el paisaje
cambie o se rompa
me alcanza con tus valles
y con tu boca

no me deslumbres
me basta con el cielo
de la costumbre

en mis manos te traigo
viejas señales
son mis manos de ahora
no las de antes

doy lo que puedo
y no tengo vergüenza
del sentimiento

Despabílate amor

Bonjour buon giorno guten morgen
despabílate amor y toma nota
sólo en el tercer mundo
mueren cuarenta mil niños por día
en el plácido cielo despejado
flotan los bombarderos y los buitres
cuatro millones tienen sida
la codicia depila la amazonia

buenos días good morning despabílate
en los ordenadores de la abuela onu
no caben más cadáveres de ruanda
los fundamentalistas degüellan a
     extranjeros
predica el papa contra los condones
havelange estrangula a maradona

bonjour monsieur le maire
forza italia buon giorno
guten morgen ernst jünger
opus dei buenos días
good morning hiroshima

despabílate amor
que el horror amanece

Verdes

Defienden las praderas
la verde mar la selva
las alfombras de césped
las hiedras trepadoras
la amazonia humillada
la sombra de los pinos

coleccionan sus glaucos
desde el verde botella
hasta el verde esmeralda
se atiborran de tréboles
cultivan la esperanza
y particularmente
espían a muchachas
tiernas y de ojos verdes

después de todo y pese a todo
los viejos verdes son los únicos
ardientemente ecologistas

Mujer de Lot

Mujer estatua / tu historia
azul verde malva roja
quedó blanca de congoja
extenuada y sin memoria

mujer estatua / por suerte
fuiste hueso / carne fuiste
y sin embargo qué triste
es tenerte y no tenerte

mujer con lluvia y pasado
avara de tus mercedes
ojalá escampe y te quedes
para siempre de este lado

mujer de sal y rocío
tu corazón sigue en celo
y tu voz está de duelo
como la tierra y el río

no olvides que no se olvida
hacia atrás o hacia adelante
ya el castigo fue bastante
reincorpórate a la vida

con audacia / sin alertas
con razón o sin motivo
mujer de lot / te prohibo
que en estatua te conviertas

mujer otra / diferente
si no fuera juez y parte
jugaría a desnudarte
lentamente / lentamente

Traigo el mar en un dedal

La rosa de oro
no se marchita
ni tiene aroma
el cielo ajeno
que te envenena
ya no es azul

    traigo el mar en un dedal
    y tu rostro es la noticia
    mis utopías
    tienen el sello
    de tu caricia

si la memoria
no cuenta cosas
maravillosas
y si el hastío
cubre la noche
de desamor

    si amanece la verdad
    con su gallo agradecido
    mis fantasías
    inventan leyes
    contra tu olvido

si mi flojera
tiene el delirio
de ser valiente
y tu cordura

sabe mezclarse
con el placer

traigo el mar en un dedal
y tu rostro es mi amuleto
con nadie hablo
de tus perdones
guardo el secreto

Trueque

Me das tu cuerpo patria y yo te doy mi río
tú noches de tu aroma / yo mis viejos acechos
tú sangre de tus labios / yo manos de alfarero
tú el césped de tu vértice / yo mi pobre ciprés

me das tu corazón ese verdugo
y yo te doy mi calma esa mentira
tú el vuelo de tus ojos / yo mi raíz al sol
tú la piel de tu tacto / yo mi tacto en tu piel

me das tu amanecida y yo te doy mi ángelus
tú me abres tus enigmas / yo te encierro en
     mi azar
me expulsas de tu olvido / yo nunca te he
     olvidado
te vas te vas te vienes / me voy me voy te es-
     pero

Tíbulos

a ernesto sábato

Hace ya medio siglo
don nicola creía
que el lascivo prostíbulo
y el discreto vestíbulo
eran lo mismo

por entonces las vírgenes
besaban a sus novios
en el vestíbulo

y los novios seguían
cursos de sexo básico
en el prostíbulo

ahora las casas vienen
con poquísimas vírgenes
y sin vestíbulo

y los hombres de empresa
exigen cinco estrellas
en el prostíbulo

ay don nicola
por fin tus dos palabras
son una sola

RE/CREACIONES

Apocalipsis venial

La calumnia como hiroshima de bolsillo
el desierto como adversario unánime
el silencio como razón de estado
la hipocresía como recoveco de la gloria
el desamor como metáfora de fuego
transcurren arrasando
arrasan empujando
a los indigentes desvalidos cándidos
justo hasta el borde de un abismo cualquiera
donde las soledades aúllan como lobos

Mutis

Dios morirá de viejo
pesaroso y hastiado
triste por no poder
encomendarse
a dios

Si dios fuera mujer

¿y si Dios fuera una mujer?

JUAN GELMAN

¿Y si dios fuera una mujer?
pregunta juan sin inmutarse

vaya vaya si dios fuera mujer
es posible que agnósticos y ateos
no dijéramos no con la cabeza
y dijéramos sí con las entrañas

tal vez nos acercáramos a su divina
    desnudez
para besar sus pies no de bronce
su pubis no de piedra
sus pechos no de mármol
sus labios no de yeso

si dios fuera mujer la abrazaríamos
para arrancarla de su lontananza
y no habría que jurar
hasta que la muerte nos separe
ya que sería inmortal por antonomasia
y en vez de transmitirnos sida o pánico
nos contagiaría su inmortalidad

si dios fuera mujer no se instalaría
lejana en el reino de los cielos
sino que nos aguardaría en el zaguán
    del infierno

con sus brazos no cerrados
su rosa no de plástico
y su amor no de ángeles

ay dios mío dios mío
si hasta siempre y desde siempre
fueras una mujer
qué lindo escándalo sería
qué venturosa espléndida imposible
prodigiosa blasfemia

Re/creaciones

Cuando adán el primero
agobiado por eva y por la soledad
inventó cautelosamente a dios
no tenía la menor idea
de en qué túnel de niebla había
      metido
a su desvalido corazón

pero cuando su invento lo obligó a
      hacer ofrendas
a rezar y a borrarse del placer
o a cambiar los placeres por el tedio
adán / a instancias de eva la primera /
de un soplido creó el agnosticismo

Mercaderes

Cuando jesús arrojó del templo
a los estupefactos mercaderes
los defenestrados juraron vengarse

durante casi dos milenios se reunieron
en roma en parís en wall street
en londres en la meca en las malvinas

se entrenaron disparando dardos
contra un cristo de cartón piedra
y para darse ánimos lo insultaban
en arameo en fenicio en hebreo
en árabe en griego en cananeo
y últimamente en polaco y en inglés

con paciencia batracia los mercaderes
esperaron al vicario apropiado y
     entonces
invadieron triforio y tabernáculo
naves laterales y presbiterio
y con la imprescindible bendición
     papal
expulsaron del templo a jesús
     nazareno

Júpiter y nosotros

Esta vez fue un cometa que sacudió a
      júpiter
y creemos saberlo todo de esa
      incandescencia
¿y si otra vez / dentro de tres milenios
o de un lustro o de una sola noche
otro cometa nos eligiera para
      acribillarnos
y en un abrir y cerrar de lunas
nos convirtiera en cándida ceniza?

¿acaso estamos preparados
para admitir nuestra intrascendencia
para aceptar que en realidad
no hay dios al que adular?

¿acaso estamos preparados
para dormir el sueño de los injustos
para quedarnos sin amigos ni
      enemigos?
¿acaso estamos preparados
para ser nadie?

una cosa es morir y que otros queden
para maldecirnos o llorarnos
una cosa es morir pero que sobreviva
la hiel de nuestra vida derramada
y otra cosa es morir y que el vacío
nos absorba en su cráter infinito

¿y si en júpiter hubiera formas /
	fuentes
privilegios de vida / nieves o
	llamaradas
conciencia hecha de alas o de
	branquias
ojos sin la costumbre de mirar
simulacros de cuerpos y destellos
extrañas sinrazones o razones de
	amor?

¿y si en júpiter supieran
cómo apagar el fuego?

Hotel del abismo

Fue como en un delirio
así que no recuerdo
si el hotel del abismo
era un abyss sheraton
o un abyss hilton

sé sin embargo que ostentaba
cinco estrellas
todas fugaces
una piscina olímpica
de ozono azul
y dos enormes ventanales
uno con vista a un remoto big bang
y otro al big crump / ese destino

también tengo presente
a un huésped distinguido
un tal jean baudrillard
que aplaudía
frenético
la prodigiosa llaga del big crump
tan cerca de sus manos condenadas

Quién sabe

¿Te importa mucho que dios exista?
¿te importa que una nebulosa te dibuje el
    destino?
¿que tus oraciones carezcan de interlocutor?
¿que el gran hacedor pueda ser el gran injusto?
¿que los torturadores sean hijos de dios?
¿que haya que amar a dios sobre todas las
    cosas
y no sobre todos los prójimos y prójimas?
¿has pensado que amar al dios intangible
suele producir un tangible sufrimiento
y que amar a un palpable cuerpo de muchacha
produce en cambio un placer casi infinito?
¿acaso creer en dios te borra del humano placer?
¿habrá dios sentido placer cuando inventó a
    eva?
¿habrá adán sentido placer cuando inventó
    a dios?
¿acaso dios te ayuda cuando tu cuerpo sufre?
¿o no es ni siquiera una confiable anestesia?
¿te importa mucho que dios exista? ¿o no?
¿su no existencia sería para ti una catástrofe
más terrible que la muerte pura y dura?
¿te importará si te enteras que dios existe
pero está inmerso en el centro de la nada?
¿te importará que desde el centro de la nada
se ignore todo y en consecuencia nada cuente?
¿te importaría la presunción
de que si bien tú existes
dios quién sabe?

ADDENDA

Vuelta al primer olvido

Seguramente mi primer olvido
tuvo una cuna de madera tibia /
a trocitos fui armando evocaciones
de la matriz recién abandonada
ese lecho de jugos y de sombras
donde a través de tímidas membranas
sensibles como hojas de mimosa
iba aprendiendo claves de mi eva
esa evamadre venidera y mía

pude encontrar a tientas sus recelos
frente al azar agüero que aleteaba en
     la sombra
olvidé el estupor la esperanza los
     surcos
de sus insomnios siempre candorosos
y descarté el mundo y sus clamores
que no cesaban ni siquiera cuando
el silencio caía como un manto plomizo

aquel primer olvido empezó en una
dulzura no buscada ni encontrada /
el júbilo se alió con la congoja
y los brazos maternos fueron nido /
era imposible descubrir la lluvia
y por tanto olvidar su transparencia

por cierto me gustaba alejarme del frío
cuando un solcito arisco aparecía
en franjas en volúmenes en muros

y era lindísimo olvidar el hambre
en el pezón o surtidor primero

vacío de memoria estaba aquel olvido
vacío porque apenas se iba
         ensimismando
la nada era su prólogo a hurtadillas
su manantial de amnesia

bautizaba mi rostro un aire nuevo
la novedad era sin duda el aire /
a respirar se aprende fácilmente
a mover una mano y a llorar
como precaria muestra de estar vivo

mi olvido tan silvestre no tenía
memoria de nosotros / sólo era
un olvido solito individual
casi sin corazón y hecho de sustos

había estrellas y no lo sabía
llegaban besos y no los besaba
en mi almario quedaban risas / muecas
es raro inaugurarse entre conjuros
de quiénes y de qué fanal remoto

mi olvido purgatorio estaba lleno
de turbonadas y desolaciones
del más allá enigmático
del más acá sin dudas
yo era nadie en mi primer olvido
no había una memoria disponible
ni otro nadie dispuesto a servirme de
         espejo

después / tanto después
hechos empedernidos / albas / lunas
las palabras no dichas y las dichas
los sagrados desnudos del amor
las bocinas del odio / los temblores
de la tierra y el cielo
las piernas de mujeres milagrosas
la honda de david en manos de goliat
los rincones de la melancolía
la cicatriz que inculpa y no perdona
cepos de la vigilia / tálamos de la
      noche
mensajes del extraño y del contiguo
el olor de los cuerpos / la intemperie
con agonías y cosmogonías
el placer asediado
la lección de las piedras
los razonables pozos de la muerte
las buenas sinrazones de la vida

toda esa memoria congelada
con desvíos del tiempo y de la ruta
fue llenando los cofres del olvido

resumiendo
y ya que ciertamente
el olvido está lleno de memoria
vamos a destaparlo / a revelarlo
sin mezquindades ni pudores tibios /
vamos a compartir los sueños con los
      sueños
del prójimo más próximo y más niño

Índice

EL MUNDO QUE RESPIRO

EL CORAZÓN Y LA PIEDRA

Dos cielos 17
Otra lluvia 19
Árbol 20
Gajos 21
Pronósticos 23
Blues de la distancia 24
Guitarra 26
Desnudeces 27
El infinito 28
Ensimismados 30
Mundo que se deshace 31
Niño con lluvia 33
Horóscopo 35
Vida triste 36
La poesía 37
El corazón y la piedra 39
Calles 40
Neutro 42
Conciencia 43
Pasos del pasado 44
Qué primavera 45
Los silencios se acercan 46
Ojos secos 47
Liquidez 48
Recorrido 49
Ruinas 51
Estar vivo 52

Bendito sea 53
Despistes 55
Últimas palabras 57

Remontar la noche
Melancolías 61
Viajar o no viajar 62
Espejos 63
Sin embargo 65
Sueño y vigilia 66
Remontar la noche 67
Me gustaría 68
Cansancio 69
Vuelo 71
Odios 72
El agua 73
Esperas 74
No te alegres demasiado 76
Anticipo 77
Sobre la risa 78
Tampoco 80
Buenos muchachos 81
Piano 82
Amores penitentes 83
Pertenencias 84
Irse 85
No olvidar 86
El futuro 87
Arpa hechicera 89
Silvestre 90
Pobre mi alma 91
La alegría 92
A ellos 93
Algo mágico 95

Allá Montevideo 96
Patio de este mundo 97
Filatelia 99
Un bufón y un ángel 100
Windows 98 101
Socorro 102
Children 103
De corazón o de corazonada 104
De mal gusto 105
Limosna 106
Cartas no escritas 107
Estatua 108
La gloria 109

ÉSTAS Y OTRAS GUERRAS
El miedo de los héroes 113
¿Por qué será? 114
La sangre derramada 115
Huesos 116
Campana 117
Soledades 118
Innumerables otros 119
De la derrota 121
Clandestina 122
Basura 124
Ecos 125
El mundo que respiro 127
Éstas y otras guerras 129
Sangra la belleza 131
Desde el origen 132
El mar ese evangelio 133
Casillero 134
Desmorirse 135
Uno que otro dilema 136

Stazione termini 137
El abandono 139
Piernas 140
Plural 141
Mar insípido 142
Malarte poética 143
No sé nada 145
Octogésimo 146
Cierre 147

RINCÓN DE HAIKUS

1 153
2 153
3 153
4 153
5 153
6 154
7 154
8 154
9 154
10 154
11 155
12 155
13 155
14 155
15 155
16 156
17 156
18 156
19 156
20 156
21 157
22 157

23 157
24 157
25 157
26 158
27 158
28 158
29 158
30 158
31 159
32 159
33 159
34 159
35 159
36 160
37 160
38 160
39 160
40 160
41 161
42 161
43 161
44 161
45 161
46 162
47 162
48 162
49 162
50 162
51 163
52 163
53 163
54 163
55 163
56 164

57 164
58 164
59 164
60 164
61 165
62 165
63 165
64 165
65 165
66 166
67 166
68 166
69 166
70 166
71 167
72 167
73 167
74 167
75 167
76 168
77 168
78 168
79 168
80 168
81 169
82 169
83 169
84 169
85 169
86 170
87 170
88 170
89 170
90 170

91	171
92	171
93	171
94	171
95	171
96	172
97	172
98	172
99	172
100	172
101	173
102	173
103	173
104	173
105	173
106	174
107	174
109	174
109	174
110	174
111	175
112	175
113	175
114	175
115	175
116	176
117	176
118	176
119	176
120	176
121	177
122	177
123	177
124	177

125 177
126 178
127 178
128 178
129 178
130 178
131 179
132 179
133 179
134 179
135 179
136 180
137 180
138 180
139 180
140 180
141 181
142 181
143 181
144 181
145 181
146 182
147 182
148 182
149 182
150 182
151 183
152 183
153 183
154 183
155 183
156 184
157 184
158 184

159 184
160 184
161 185
162 185
163 185
164 185
165 185
166 186
167 186
168 186
169 186
170 186
171 187
172 187
173 187
174 187
175 187
176 188
177 188
178 188
179 188
180 188
181 189
182 189
183 189
184 189
185 189
186 190
187 190
188 190
189 190
190 190
191 191
192 191

193 191
194 191
195 191
196 192
197 192
198 192
199 192
200 192
201 193
202 193
203 193
204 193
205 193
206 194
207 194
208 194
209 194
210 194
211 195
212 195
213 195
214 195
215 195
216 196
217 196
218 196
219 196
220 196
221 197
222 197
223 197
224 197

LA VIDA ESE PARÉNTESIS

CON LUGAR A DUDAS
Como si nada 207
Pequeñas muertes 210
Resistencias 211
Como si fuéramos inmortales 213
Monólogo de un quídam 215
Futuro cada vez más jíbaro 217
¿Cómo se escribirá un poema
    existencial? 218
Recién nacido 219
El alma no es el cuerpo 220
Garantes 222
Peros 223
Bostezo 224
Celosías 225
A tientas 226
Endecha por el tedio 227
Eso no 228
Más acá del horizonte 229

AMOR VENDIMIA
Sobre cartas de amor 233
Muchacha 235
Enamorarse y no 236
Mujer rehén 237
Nostalgia 238
Como un milagro 239
Pocas cosas 240
Piernas 241
Mass media 242
Romeo de hogaño 243
No sé quién es 244

Sonata para adiós y flauta 245

El faro y otras sombras
La mendiga 249
Historia de fantasmas 250
Heterónimos 252
El faro 253

Papel mojado
Papel mojado 257
Globalizaciones 258
Caracola 259
Soliloquio del desaparecido 260
Palabras menores 264
Piojos 265
Esta paz 266
Lenguas muertas 267
Naturalmente 268
El silencio 269
Extinciones 270
Madre hipocresía 271
Luna de los pobres 272
Che 1997 273
Ah soledades 275
El lugar del crimen 277
Signos del sur 278

Laberintos
Vuelan las profecías 281
Igualdad 282
Caídas 283
En primera persona 284
Papam habemus 285
Desde arriba 286

Laberintos 287

Casco urbano
Asambleas 293
Puntos de vista 295
Postales 298
En blanco y negro 301
De vereda a vereda 302
Lluvia 304
Tantas ciudades 306
Bahías 308
El mar 309
Máscaras 311
Idas y vuelta 313
El barrio 315
Acuarela con burócrata 316
Amanece 318

Uno y los otros
Formas de la pena 323
La historia 324
Feuilles mortes 326
Insomnio 327
Soneto gramatical 329
Cofre fort 330
¿Qué les queda a los jóvenes? 331
De dónde la memoria 333
Ojos de buey 335
Todos los adioses 336
Perdonavidas 338
Alegría de la tristeza 339
Chatarra 340
Llenuras 342
Espectro 343

Ojalá 344
Ser otro 346

FINAL
Zapping de siglos 349

EL OLVIDO ESTÁ LLENO DE MEMORIA

Ese gran simulacro 361
¿Cosecha de la nada? 363
Olvidadores 365
Ah las primicias 367
Nomeolvides 368
Sólo un detalle 369
Variaciones 370
La culpa 371
Se había olvidado 372

EL PORVENIR DE MI PASADO
Nacimiento 377
Voyeur 379
Desganas 381
Tribu 382
El pusilánime 384
La misma pócima 385
Pasos 386
Nada más que un búho 387
Pájaros 389
Test 390
Altri tempi 391
Te acordás hermano 392
Conservadores 395
El porvenir de mi pasado 397

AGUAS JURISDICCIONALES

Dice el hombre en la orilla 401
Náufragos 403
Lluvia sobre el mar 404
Una gaviota en el lago Leman ...405
El ojo del pez 407
Mar de la memoria 408
Buenos días Gabriel 409
La creciente 410
Luna de idilio 411
Llueve con flechas rotas 413

TRISTEZAS/ALEGRÍAS

Vísperas 417
Duendes de nunca 419
Fuego mudo 420
Solazarte con ellas 421
Burbuja 422
Tristezas/alegrías 423
La noticia veneno 425
Sequía 426
Cuento de hadas (tango) 427
La crisis 429
Ven dulce vida 430

DISTANCIAS

Menos tiempo que lugar 433
Unanimidad 434
Distancias 436
El autor no lo hizo para mí 437
Poeta menor 439
La poesía no es 442
Réquiem por Ayrton Senna 443
Retrato de verdugo con loro 444

Canción de cuna para
un dinosaurio 446

SEMÁFOROS
Semáforos 449
¿Nacido cuándo
dónde por qué? 450
Tributo 452
Irrespirable 453
Ayer 454
La pena 455
Ahí nomás 456
Penúltimo mensaje
del suicida indeciso 457
Adiós a nadie 458
Anestesia 459
El mago 460
Sueños 461
Eclipses 463
Nube 464
Silencio en Deyá 465

EL AMOR ES UN CENTRO
Bellas pero 469
El amor es un centro 470
Pies hermosos 471
La hija del viejito guardafaro 472
Eurovisión 1994 473
La octava 475
Tan de veras 476
Almohadas 477
Señales 479
Despabílate amor 481
Verdes 482

Mujer de Lot 483
Traigo el mar en un dedal 485
Trueque 487
Tíbulos 488

RE/CREACIONES
Apocalipsis venial 491
Mutis 492
Si dios fuera mujer 493
Re/creaciones 495
Mercaderes 496
Júpiter y nosotros 497
Hotel del abismo 499
Quién sabe 500

ADDENDA
Vuelta al primer olvido 503

Inventario tres se terminó de imprimir en julio de 2004, en Litográfica Ingramex, S.A. de C.V. Centeno núm. 162, Col. Granjas Esmeralda, C.P. 09810, México, D.F. Composición tipográfica: Miguel Ángel Muñoz. Cuidado de la edición: Ramón Córdoba y Fernando González.

Certificado No. 02-2082